Inhalt

Jahrbuch Polen 2025

Energie

Jahrbuch Polen 2025
Band 36 / Energie

Herausgegeben vom Deutschen Polen-Institut Darmstadt
Begründet von Karl Dedecius
Redaktion: Andrzej Kaluza, Julia Röttjer, Saskia Metan
in Zusammenarbeit mit Alicja Kurek
www.deutsches-polen-institut.de

Die Bände 1–6 des Jahrbuchs erschienen unter dem Titel Deutsch-polnische Ansichten zur Literatur und Kultur, die Bände 7–16 unter dem Titel Ansichten. Jahrbuch des Deutschen Polen-Instituts Darmstadt.

Das Jahrbuch Polen erscheint jeweils im Frühjahr.

Zu beziehen über den Buchhandel oder beim Verlag: verlag@harrassowitz.de
Einzelpreis € 19,80 / Abonnementspreis € 18

Gedruckt auf alterungsbeständigem Papier.

Satz und Layout: Andrzej Choczewski, Krakau, www.buchsatz-krakow.eu
Umschlagabbildung: Lex Drewinski
Abbildungen: siehe Bildnachweis
Druck und Verarbeitung: Memminger MedienCentrum AG
Printed in Germany
https://www.harrassowitz-verlag.de/

Das Deutsche Polen-Institut dankt der Merck KGaA für die Unterstützung des Projekts Jahrbuch Polen.

ISSN 1863-0278 ISBN 978-3-447-18437-3
eISSN 2749-9197 eISBN 978-3-447-39678-3

Mehr als nur der Strom aus der Steckdose

Energie und die Suche nach der bestmöglichen Energieversorgung sind ein unbedingtes politisches Dauerthema – vom ganz privaten Vorgarten (oder in diesem Fall Balkonkraftwerk) bis hin zum ultimativen geopolitischen Drohszenario. Kaum ein Tag vergeht ohne neue Hiobsbotschaften im Hinblick auf den Klimawandel, die internationale Sicherheit und die inzwischen als Begriff festgefügte Energiekrise. Jahrzehntelang, so möchte es einen der eigene nostalgische Blick zurück glauben machen, war Energie »einfach da«. Man brauchte sich nicht um sie zu kümmern, in Polen vielleicht abgesehen vom Jahrhundertwinter 1978 oder der Zeit der *Solidarność*-Streiks 1980/81, als der Strom zeitweise abgestellt wurde und auch die Heizung streikte. In Deutschland gab es andere Arten von Blackouts, wie etwa das OPEC-Embargo 1973, infolge dessen kein Sprit aus den Zapfsäulen floss und die Autobahnen leer standen. All dies geschah innerhalb eines Jahrzehnts, nachdem 1972 der Bericht *Die Grenzen des Wachstums* an den Club of Rome unter anderem eindringlich vor der Endlichkeit der natürlichen Ressourcen und Energiereserven gewarnt hatte.

Trotz aller Kontroversen um Zukunftsprognosen und Wachstumskritik floss für die Generationen, die im demokratischen Wohlstands-Europa aufwuchsen, der Strom zuverlässig weiter aus der Steckdose. Das Wort »Energiesicherheit« tauchte zum ersten Mal ernsthaft vor etwa zwei Jahrzehnten im Kontext der russischen Maßnahmen gegen angeblich säumige Kunden auf, etwa die Ukraine oder Belarus, als immer wieder mit einem Lieferstopp gedroht wurde. Man sprach von »Energie als Waffe«, die Russland bereit war zu nutzen. Gleichzeitig baute Deutschland, allen Warnungen zum Trotz, seine beiden Nord Stream-Pipelines, die die deutsche und europäische Industrie ohne lästige Transitländer mit russischem Gas beliefern sollten.

Polen war um seine Energiesicherheit lange besorgt, denn die Importe an Gas und Rohöl aus Russland waren noch vor einigen Jahren erheblich. Deshalb begannen alle Regierungen, von links nach rechts, auf die Diversifizierung von Energiequellen zu setzen. Eigentlich sollte die Unabhängigkeit noch weiter gediehen sein. Doch immerhin war Polen, ausgestattet mit einem großen LNG-Terminal und langjährigen Lieferverträgen mit Norwegen und den USA, energiemäßig besser aufgestellt als Deutschland, als Putin im Februar 2022 die Ukraine mit einem vollumfassenden Krieg überzog. Die Deutschen, die mit Gas als Zwischenlösung ihre großangelegte Wende hin zu erneuerbaren Energien vollziehen wollten, wurden auf dem falschen Fuß ertappt und mussten sich schnell und teuer nach neuen Quellen umschauen. Die Politik wirkte hektisch und höchst verunsichert, die angekündigte Energiewende stockend, es wurde sogar diskutiert, ob der Atomausstieg überhastet erfolgt sei. Das zeugt nicht von einer durchdachten Strategie und wird in vielen Nachbarländern, darunter Polen, eher kritisch gesehen.

Lange Zeit hatte Deutschland als Beispiel für andere europäische Länder gedient, auch für Polen. Die Förderung der erneuerbaren Energien ermöglichte europaweit ihre rasante Entwicklung. Polen holte in dem Bereich nach, und auch dort haben die Erneuerbaren einen immer größeren Anteil am Energiemix gewonnen. Trotz dieses Ausbaus ist Polens Volkswirtschaft im europäischen Vergleich stark von der Kohle abhängig. Nun hat das Land nicht das Ziel, die Energie ausschließlich durch Wind und Sonne zu gewinnen. Weiterhin wird Verstromung von Steinkohle eine gewisse Rolle spielen und in Zukunft soll auch Atomenergie zum Einsatz kommen. Somit scheint Polen gegenwärtig gut gewappnet zu sein, wenn es um die Sicherheit der Energie geht.

Während die Stimmung in Deutschland – nicht nur im Energiesektor – sich gegenwärtig dramatisch verschlechtert und Politik wie Gesellschaft sich tief verunsichert zeigen, schalten die Polinnen und Polen sprichwörtlich auf einmal ihre Flutlichter ein. Vorbei die Zeiten der Sparbeleuchtung! Nicht nur in Warschau, sondern auch in anderen Städten wird schon alleine bei der Außenreklame augenfällig, dass das Land auf der Überholspur Gas gibt. Die Energie in Polens öffentlichem Leben, die Dynamik der polnischen Gesellschaft mit hohen wirtschaftlichen Wachstumsraten scheint vor allem in den Städten oft greifbar zu sein. Die enorme Zunahme an Wohlstand seit Polens EU-Beitritt vor mehr als 20 Jahren gibt dem Land neues Selbstbewusstsein. Es strotzt zurzeit von »positiver« Energie.

Das tut auch unser aktuelles Jahrbuch Polen. Wir zeichnen zunächst ein umfangreiches Bild der polnischen Energielandschaft, die mittlerweile einen ausgewogenen Mix an Energiequellen vorweisen kann (Wojciech Jakóbik). Ein wichtiges Thema im europäischen Rahmen ist mit Sicherheit die Entscheidung, künftig neue Atomkraftwerke hochzuziehen (Agnieszka Hreczuk). Wir berichten, wieso es in der kommunistischen Zeit nicht dazu kam, einen Atommeiler der Tschernobyl-Generation in Polen aufzubauen (Piotr Wróblewski). Auch wenn die offiziellen Prognosen anders lauten, werden sich wohl Atom und Kohle in Polen nicht begegnen, denn die hohen Preise für die CO2-Zertifikate werden die Kohle systematisch verdrängen (Michał Hetmański). Wie bereits angedeutet, spielen die erneuerbaren Energien in Polen zwar eine größere Rolle als noch vor einigen Jahren, dennoch stoßen Dekarbonisierung und wissenschaftlich fundierte Maßnahmen gegen den Klimawandel immer noch auf politischen Gegenwind (Kacper Szulecki). Über die deutsche Energiewende, mit der viele Verfechter:innen der Erneuerbaren in Polen große Hoffnungen verbanden, herrschen

Polen ist gegenwärtig in guter Form. Kann seine Energie bald andere anstecken?

derzeit geteilte Meinungen, auf jeden Fall wird Deutschlands Energiepolitik heftig diskutiert – ob als Vorbild oder Schreckensszenario (Ewelina Kochanek). In welcher Form sich die verschiedenen Szenarien der Wachstumskritik von 1972 materialisieren, könne auch durch technischen Fortschritt, Digitalisierung und »Miniaturisierung« beeinflusst werden, so die These. Allerdings, so zeigt sich inzwischen, führt dies nicht wirklich zu einem geringeren Verbrauch: Der Zuwachs an Effizienz geht dann eher in Richtung einer bequemeren oder vielseitigeren Nutzung von Ressourcen (Michał Olszewski).

Welche Ausprägungen diese energiegeladene Dynamik in wirtschaftlicher, politischer und gesellschaftlicher Hinsicht zeigen kann, darum geht es im zweiten Teil des Jahrbuchs. Der Antrieb des polnischen Wachstumsmotors speist sich einerseits aus unterschiedlichen gesellschaftlichen Energiequellen, verleiht aber wiederum den innerhalb der polnischen Gesellschaft gepflegten Selbstbildern und der Positionierung in Europa wahre Energieschübe (Philipp Fritz). Wer bei solchen energetischen Sprüngen als fossiles Relikt scheinbar zwangsläufig abgehängt wird, muss sich noch stärker als andere mit der eigenen Region beschäftigen. Interessante Strategien des Umgangs mit der so eng mit Steinkohle verwobenen Identität gibt es deshalb in Oberschlesien zu beobachten (Zofia Oslislo-Piekarska). Ideenreichtum, Kreativität und Engagement im Umgang mit Mitmenschen gibt es nicht zuletzt in der polnischen Musikszene. Ausgerechnet die energiegeladenen Klänge der deutschen Band Kraftwerk standen Pate für die Entwicklung der elektronischen Musik an Oder und Weichsel. Heute gibt es in Polen Hunderte Musikfestivals, die den Energiehunger noch weiter steigen lassen (Piotr Mulawka). Auf ganz andere Energie kommt dann zu guter Letzt die Rede. Einerseits lehnte das materialistische Weltbild der kommunistischen Ideologie jegliche »ideellen« Auswüchse der Materie ab, dennoch tolerierte die nach dem Zweiten Weltkrieg in Polen herrschende Partei nicht nur den katholischen Glauben als Relikt der Vergangenheit, sondern auch andere Arten der spirituellen Heilssuche. So haben »ideelle Energien« wie Heiligenerscheinungen, Wunderheilungen, spiritistische Seáncen, Chakra-Pilgerfahrten zu christlichen und anderen »heiligen« Stätten bis heute überdauert (Olga Drenda). Diese heilige Energie wird heutzutage aber nur selten genutzt angesichts des wirtschaftlichen Erfolgs des Lands und des sich aus ihm speisenden Selbstbewusstseins. Polen überholt derzeit Länder der alten EU beim Pro-Kopf-Einkommen und schließt in die Riege der meistentwickelten Länder auf. Das alleine setzt schon eine enorme gesellschaftliche Energie und Motivation frei, die das Land unbedingt braucht, wenn es mehr Gewicht und Verantwortung in Europa und der Welt übernehmen will.

Andrzej Kaluza
Julia Röttjer

LEX DREWINSKI

Die Umschlagsgestaltung übernahm in dieser Ausgabe Lex Drewinski. Er war Lehrstuhlinhaber im Bereich Grafikdesign an der Fachhochschule Potsdam (1992–2017) und an der Kunstakademie in Stettin (Szczecin) (2010–2023). Drewinski studierte an der Staatlichen Hochschule der Bildenden Künste in Posen (Poznań). 1981–83 arbeitete er als Posterdesigner für Pol-Film in Warschau, 1983–85 war er Regisseur und Drehbuchautor am Zeichentrickfilmstudio in Poznań. Im Jahr 1985 entschied er sich für die Emigration nach West-Berlin. Drewinski erhielt über 200 nationale und internationale Auszeichnungen (u. a. Grand Prix, »Awakening World Awards« Teheran, dreimal die Goldmedaille der Internationalen Poster-Biennale in Mexiko, zweimal Grand Prix und 1. Preis beim Internationalen Poster-Wettbewerb »Ekoplagát« im slowakischen Žilina) und hatte über 70 Ausstellungen (u. a. in Quito, Damaskus, Berlin, Madrid und London). Im Jahr 2015 ernannt zum Professor für Schöne Künste durch den Präsidenten der Republik Polen. Seit 2016 Ehrenbotschafter der Stadt Szczecin.

Der polnische Energiemix

Wojciech Jakóbik

Die polnische Energiewirtschaft: In schwungvoller Transformation

SCHON VOR DEM SCHADEN KLUG

Die Geschichte mit dem Gas, dem Übergangsrohstoff der Energietransformation, war mit dem Abschluss der Bauarbeiten an der Baltic Pipe zwischen Norwegen und Polen und der Kündigung des polnisch-russischen Gasliefervertrags nicht zu Ende. Die Sache hatte im Februar 2022 von sich reden gemacht, als Russland nach mehrmonatiger Energiekrise, ausgelöst von der staatlich kontrollierten Firma Gazprom, die systematisch das Gasangebot in Europa verknappt hatte, in die Ukraine militärisch einmarschiert war. Das gesunkene Gasangebot führte im Zusammenspiel mit geringen Vorräten zu Höchstpreisen in ganz Europa, diese wiederum verteuerten die Stromerzeugung, die in entscheidendem Maße von dem Energieträger Gas abhängt. So verwandelte sich die Krise auf dem Gasmarkt in eine des gesamten Energiesektors. Die höheren Gas- und Strompreise förderten den Einsatz von Kohle, steigerten deren Nachfrage und erhöhten auch deren Preis. Die Energiekrise führte zu einem erheblichen Inflationsdruck und damit einhergehend zu wirtschaftlichen Problemen, die bis heute sichtbar sind. Polen war jedoch in der Lage darauf zu reagieren, indem es einfach den Plan beschleunigte, kein Gas mehr aus Russland zu beziehen. Unter normalen Bedingungen wäre es dazu mit dem Auslaufen des Vertrags zwischen der Polnischen Erdölbergbau und Gas AG (Polskie Górnictwo Naftowe i Gazownictwo, PGNiG) und Gazprom Ende des Jahres 2022 gekommen. Russland drehte jedoch den Gashahn schon im April 2022 unter dem Vorwand eines Streits über die Zahlungsmodalitäten in Rubel zu. Polen beschleunigte den Ausbau eines eigenen LNG-Terminals und der polnisch-litauischen GIPL-Gasleitung, es unterschrieb auch einen langfristigen Vertrag mit dem norwegischen Konzern Equinor, der maximale Liefermengen durch die neu eingerichtete Baltic Pipe garantiert. Die polnischen Ideen einer Verpflichtung zur Bevorratung von Gas vor dem Winter und einer Bedarfsbündelung in einer Agentur, die gemeinsame Einkäufe organisiert, was die Verhandlungsposition der Interessenten verbessert, wurden in europäische Vorschriften aufgenommen. Deutschland, das seine wirtschaftliche Entwicklung unter Einbeziehung russischer Gaslieferungen geplant hatte, die seine Energiewende absichern sollten, musste sich an Polen ein Beispiel nehmen und in kürzester Zeit fünf

Gasterminals in Betrieb nehmen, um sich auf nicht-russisches Gas umzustellen. Die wirtschaftlichen Folgen dieser Veränderungen sind für Deutschland bis heute spürbar. Doch die Geschichte nimmt auch auf dem polnischen Gasmarkt weiter ihren Lauf. Trotz der guten Versorgung des Markts mit der Perspektive, gänzlich unabhängig von Russland zu bleiben, muss mit die Liefersicherheit beeinträchtigenden Zwischenfällen gerechnet werden: vom Wintereinbruch, der den Bedarf erhöht, bis zu Sabotage wie im Fall der Gaspipelines Nord Stream 1 und 2 sowie des Balticconnectors (im Herbst 2023 durch einen chinesischen Frachter unterbrochene Gasverbindung zwischen Finnland und Estland). Diese Bedrohung wächst angesichts der militärischen Entwicklung im Osten. Als Übergangsbrennstoff der polnischen Energiewende soll das Gas aber durch das Flüssigerdgasterminal in Swinemünde (Świnoujście) und die Baltic Pipe gesichert sein, im Jahr 2028 soll noch eine schwimmende Speicher- und Wiederverdampfungseinheit (FSRU) in der Danziger Bucht hinzukommen.

ABSCHIED VON DER KOHLE UND BOOM DER ERNEUERBAREN ENERGIEN

Die Energietransformation selbst hingegen befindet sich in der Etappe der Realisierung. Die Debatte von vor einigen Jahren darüber, ob sie sinnvoll ist, wurde von einer Politik der vollendeten Tatsachen abgelöst, die einer strategischen Planung in Polen vorangeht. Polen erzeugt gegenwärtig etwa 60 Prozent seines Stroms mit Kohle. Das ist viel und wenig zugleich. Viel ist es im europäischen Vergleich, weil der EU-Energiemix zu 18 Prozent von Festbrennstoffen abhängt, allen voran von der Kohle. In Bezug auf Polen ist es jedoch wenig, weil noch vor einem Jahrzehnt 90 Prozent des in diesem Land erzeugten Stroms aus Kohle gewonnen wurden. Es sei angemerkt, dass die Energieagenda Polens bis 2040, verabschiedet im Jahr 2020, das Potential der Photovoltaik unterschätzte, deren Boom die Erwartungen der Planer und ihre Annahme von fünf bis sieben Gigawatt im Jahr 2040 übertrifft. Gegenwärtig steigt der Anteil erneuerbarer Energiequellen bezogen auf einen Tag schon nicht selten auf mehr als 50 Prozent. Die Energiewende Polens ist eine Tatsache. Im Jahr 2023 erhöhte sich die Leistung der Photovoltaik durch neue Anlagen um 41 Prozent. Die Gesamtleistung der bis Ende 2023 installierten Einheiten betrug laut der Agentur für Industrieentwicklung bereits 17 Gigawatt.

Es ist immer noch nicht zur Liberalisierung der Vorschriften für die Windenergieanlagen an Land gekommen, was es ermöglichen würde, weitere Gigawatt erneuerbarer Energie zu erzeugen. Dem Polnischen Windenergieverband zufolge liege das Potential der Windräder an Land bei einer Entfernung von 500 Metern zu Wohnbebauungen, wie sie in den liberalsten Vorschriften vorgeschlagen wird, in Polen bei 41,4 Gigawatt. Das Potential der Offshore-Windkraftanlagen betrage rund 33 Gigawatt. Die Aktualisierung der Polnischen Energiepolitik bis 2040 geht von 50 Gigawatt erneuerbarer Energiequellen im Jahr 2030 und 88 Gigawatt im Jahr 2040 aus. Der Netzbetreiber Polnische Elektroenergetische Netze (Polskie Sieci Elektroenergetyczne, PSE) nimmt

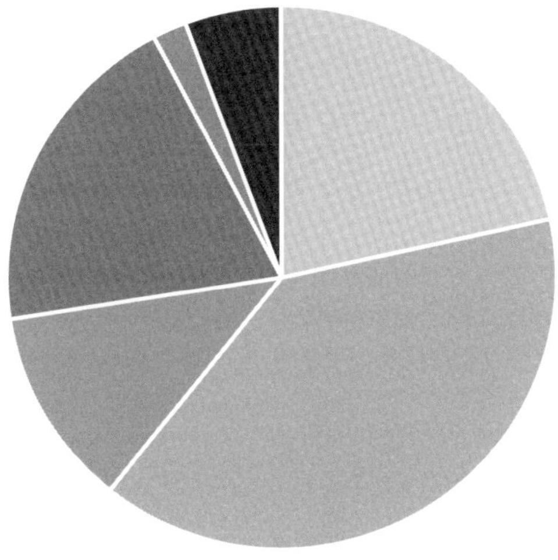

Nach https://www.rynekelektryczny.pl/produkcja-energii-elektrycznej-w-polsce/

jedoch Beschränkungen dieses Potentials vor, um die Stabilität des Systems aufrechtzuerhalten. Schon jetzt werden die erneuerbaren Energien immer öfter aus dem Netz genommen und ihre Betreiber dafür entschädigt. Das neue System zur Förderung von Photovoltaik bietet jedoch einen geringeren Erstattungssatz. Die beschränkte Flexibilität des Systems sowie die weniger einträglichen wirtschaftlichen Bedingungen können zur Folge haben, dass der Boom der erneuerbaren Energien etwas ins Stocken gerät, wenn diese Barrieren nicht durch neue Investitionen sowie Ideen für eine staatliche Unterstützung überwunden werden. Zudem zeichnen sich weitere Netz-Megaprojekte wie die Nord-Süd-Stromtrasse ab, die die atomar-erneuerbare Stromerzeugung an der Ostsee mit dem industriellen Süden des Lands verbinden soll. Dieses Projekt der teuren Technologie zur Übertragung mittels Hochspannungs-Gleichstrom (HGÜ) soll Milliarden Zloty kosten, es beinhaltet eine Entwicklung des Übertragungs- und des Verteilungsnetzes im ganzen Land und soll die Ausdifferenzierung der Energiequellen im polnischen Mix befördern.

EINE STABILE BASIS WEITERHIN NOTWENDIG

Es gibt die Notwendigkeit, eine stabile Grundlast des Stromnetzes zu garantieren, die nach den Richtlinien des Netzbetreibers PSE ungefähr sechs Gigawatt betragen sollte (das größte konventionelle Kraftwerk in Europa, Bełchatów, hat eine Leistung von fast fünf Gigawatt). Dies bedeutet, dass die bestehenden Leistungen aus der Kohleverstromung durch neue, weniger Emissionen verursachende Blöcke zur Bereitstellung der Grundlast ersetzt werden müssen. Die verfügbare Leistung ist, wegen der unterschiedlichen Produktionszeiten der einzelnen Energiequellen, signifikanter als die installierte Leistung. Ein Atomkraftwerk kann ohne Unterbrechung das ganze Jahr lang laufen, erneuerbare Energiequellen sind abhängig vom Wetter. Bevor jedoch die Kohle von der Bühne abtritt, ist es notwendig, die bestehende Leistung aufrechtzuerhalten. Das wird garantiert durch öffentliche Hilfe in Form eines Strommarkts, der es ermöglicht, in Auktionen die Verfügbarkeit des Kraftwerks zu verkaufen, die dann auf den Stromrechnungen mit der sogenannten Leistungsgebühr bezahlt wird. Diese Lösung sollte anfangs bis zum Jahr 2025 Bestand haben. Sie wird nun allerdings bis 2038 Anwendung finden und der Verband Wirtschaftsgesellschaft der Polnischen Kraftwerke (Towarzystwo Gospodarcze Polskie Elektrownie) fordert, die Auktionen auf dem Strommarkt bis zum Jahr 2040 fortzusetzen. Das ist eine mögliche Art, eine stabile Grundlast bereitzustellen, bis sich eine Alternative auftut. Die Reform in Gestalt der Nationalen Agentur für Energiesicherheit, die Kohle-Aktiva in einer Staatsgesellschaft bündeln sollte, zerschlug sich nach dem Regierungswechsel des Jahres 2023. Das bedeutet, dass in den 2020er Jahren weiterhin in großem Maße die Kohlekraftwerke die Grundlast bereitstellen, die schrittweise von der Spitzenenergie gasbetriebener Kraftwerke verdrängt werden, vielleicht mit Unterstützung einer neuen

Art von Strommarkt, über den die Regierung schon mit Brüssel diskutiert. Erst in den 2030er Jahren soll sich diese Situation durch das Duett der Atom- und erneuerbaren Energien ändern.

ATOM SEIT JAHREN IN SICHT

Polen hat nach 30 Jahren Diskussion schließlich den Standort für das erste Kernkraftwerk Lubiatowo-Kopalino in Pommern ausgewählt. Das Unternehmen Polnische Kernkraftwerke (Polskie Elektrownie Jądrowe) unterschrieb eine Projektvereinbarung mit dem Konsortium Bechtel-Westinghouse aus den USA für den Bau von drei AP1000-Reaktoren an dem Standort. Derzeit werden Gespräche über einen Bauvertrag mit den Amerikanern und ein Finanzierungsmodell mit der Europäischen Kommission geführt. Das bedeutet, dass das Atomkraftwerk nach Inbetriebnahme Zuschüsse erhält mittels einer Gebühr auf den Stromrechnungen, vergleichbar der sogenannten Leistungsgebühr, die den Strommarkt finanziert. Ungelöst bleibt das Schicksal des zweiten Standorts für ein Kernkraftwerk, das im Programm der Polnischen Atomenergie vorgesehen ist. Die Anhängerschaft der Atomenergie will dieses Programm aus dem Jahr 2021 aktualisieren und dort ein zweites Werk sowie die Technologie kleiner Kernreaktoren (*small modular reactors*, SMR) ergänzen.[1] Die Gegner argumentieren, man solle es bei einem Standort in Pommern belassen und auf die Technologie der Energiespeicherung in Verbindung mit durch die Verbrennung von Erdgas erzeugter Spitzenenergie setzen, später dann auf erneuerbare Gase: Biomethan und Wasserstoff. Es steht somit die Entscheidung aus, ob und mit wem ein zweites Kernkraftwerk in konventioneller Technologie gebaut werden soll. Neben den Amerikanern signalisieren die Koreaner von KHNP und die Franzosen von EDF ihr Interesse. Noch nicht gelöst bleibt der Technologiestreit zwischen Westinghouse und KHNP über die APR1400-Technologie, die von der koreanischen Seite für den Standort Pątnów-Konin in Zusammenarbeit mit dem privaten polnischen Stromkonzern ZE PAK sowie der Polnischen Energiegruppe PGE vorgeschlagen wurde. Eine weitere Herausforderung ist die Tatsache, dass das französische EDF die EPR2-Technologie anbietet, die noch nirgendwo zum Einsatz kam. Es sei auf den Standort Bełchatów hingewiesen, an dem in den 2030er/2040er Jahren das erwähnte Braunkohlekraftwerk seinen Betrieb einstellen wird. Ohne auf den neuen Tagebau Złoczew zurückzugreifen, was durch die EU-Klimapolitik blockiert wird, werden die in der Nähe gelegenen, für den Betrieb des Kraftwerks notwendigen Lagerstätten Mitte der 2030er Jahre erschöpft sein. Dann werden die Voraussetzungen gegeben sein, diese Leistung von fünf Gigawatt durch andere zu ersetzen, eine der Lösungen hierfür kann die Kernenergie sein.

1 Vgl. Adam Juszczak: Kleine modulare Atomreaktoren (SMR) – die Zukunft der Energietransformation in Polen? In: Polen-Analysen Nr. 323 vom 06.02.2024, S. 2–5.

Ehemaliger Staatssekretär für Energiesicherheit Piotr Naimski: Die Energiesicherheit darf keinen ideologischen Dogmen unterliegen

Die Energiesicherheit gehört zu den festen Gütern und Werten. Ideologien und Dogmen ändern sich oft mit der Zeit. Das ist natürlich ein Problem für die nachfolgenden politischen Eliten. Wie soll man, wenn man vor allem polnische Energiesicherheitsinteressen wahrnehmen möchte, diese im Kontext der sowieso schon extrem schwierigen Lage in der EU durchsetzen? Das verlangt nach einer entschlossenen politischen Haltung und einem echten Verständnis der polnischen Interessen. Man darf vor allem dem Druck von außen nicht nachgeben, der oft einfach mit der Lobby des einen oder anderen Sektors von europäischem Ausmaß verbunden ist. (Nach Filary biznesu, 26.07.2024)

Nach https://filarybiznesu.pl/gospodarka/energetyka/naimski-dla-filarybiznesupl-bezpieczenstwo-energetyczne-nie-moze-podlegac-ideologicznym-dogmatom/a25072

Unbekannt ist das Schicksal zahlreicher Technologien kleiner SMR-Kernreaktoren. Der Regierungswechsel in Polen führte zur Aussetzung des SMR-Projekts, das in Zusammenarbeit von Orlen-Synthos und GE Hitachi vorangetrieben wurde. Die Technologie, getauft BWRX 300, ist eine Miniaturversion der großen Reaktoren von GE Hitachi. Aber die Notwendigkeit, angesichts des politischen Streits über das Verhältnis von Orlen-Synthos bei dem Projekt ein neues Modell für die Zusammenarbeit zu finden, stellt das Tempo der Realisierung dieses Unterfangens in Frage. Die übrigen SMR-Technologien, die in der Vergangenheit in Polen in Betracht gezogen wurden, kamen bei keinem realisierten Projekt zum Einsatz. Trotzdem weckt die Technologie an sich das Interesse der Wirtschaft, die an stabilen Energielieferungen ohne CO2-Emissionen interessiert ist, um Produkte ohne CO2-Fußabdruck zu einem konkurrenzfähigen Preis anbieten zu können. Der Kurs der entstehenden Riesenbranchen wie der Datenbanken, darunter Microsoft, in Richtung Atomenergie eröffnet die Chance, zu diesem Ziel eine der SMR-Technologien zu nutzen, und das ist die Voraussetzung dafür, dass Polen ihre Entwicklung weiterhin verfolgt.

STRATEGIE VERSUS POLITIK DER VOLLENDETEN TATSACHEN

Zu Veränderungen in der polnischen Energiewirtschaft kommt es abseits und nicht infolge durchdachter strategischer Entscheidungen. Die Politik der vollendeten Tatsachen hängt in diesem Bereich von starken Persönlichkeiten ab, wie es in der Vergangenheit Jerzy Buzek oder Piotr Naimski waren. Auch wird sie bedingt durch unerwartete Umstände, die bisherige Prozesse beschleunigen – wie die plötzlich sinkenden Preise von Photovoltaikanlagen, die in Verbindung mit einem gut gemachten Förderprogramm

Neben imposanten Passagier-Linern war es vor allem der Kohleexport, der zum Bau der Hafenanlagen in Gdynia führte. 1933 wurde die Bahnverbindung mit dem Oberschlesischen Kohlebecken fertiggestellt.

(Mój prąd, dt. Mein Strom) nach 2015 einen Boom auslösten, oder auch die Energiekrise von 2021 und der nach deren Beginn erfolgte Einmarsch Russlands in die Ukraine. Die gegenwärtige polnische Energiepolitik bis zum Jahr 2040 geht von einer Steigerung des Anteils erneuerbarer Energien im Strom-Mix auf 32 Prozent im Jahr 2030 aus. Der Anteil der Kohle soll auf 56 Prozent fallen. Der Landesplan für Energie und Klima, der der Europäischen Kommission im Februar 2024 vorgelegt wurde, nennt einen Anteil erneuerbarer Energien an der Stromerzeugung in Höhe von 50,1 Prozent im Jahr 2030. Die Diskrepanz zwischen diesen beiden Dokumenten ist erheblich, der wahre Stand der Stromerzeugung hat seinen Platz irgendwo dazwischen. Die strategischen Pläne befinden sich sozusagen abseits der Projekte, die von staatlichen Gesellschaften, privaten

Trägern sowie Bürgerinnen und Bürgern durchgeführt werden. Entscheidend ist der Einfluss der gesellschaftlichen Kräfte auf diesen Prozess. Die Regierung hat mit den Bergbaugesellschaften einen Termin für die Schließung des letzten Kohlebergwerks im Jahr 2049 ausgehandelt. Jede Beschleunigung der Energiewende erfordert die Neuverhandlung dieses Plans und die Übernahme der sozialen Folgekosten. Auf europäischer Ebene ist ein Prozess anhängig zum Europäischen Grünen Deal; der Prozess kann, muss aber nicht zu einer Kurskorrektur führen, die den auf dem Weg der Energiewende weniger vorangeschrittenen Ländern wie Polen Zeit und Geld verschafft. Die polnische Energiewende kommt vorwärts. Der Boom der erneuerbaren Energien übertrifft die Erwartungen, aber er erfordert auch entsprechende Vorsorgemaßnahmen, damit er nicht verpufft. Paradoxerweise sind in diesem Zusammenhang Projekte außerhalb des Sektors der erneuerbaren Energien entscheidend, das heißt einerseits eine Gasinfrastruktur, die einen sicheren Zugang zu diesem Übergangsbrennstoff aus nichtrussischer Herkunft ermöglicht, und andererseits eine stabile Grundlast in Form der geplanten Kernenergie. Eine strategische Betrachtung der polnischen Energiepolitik ermöglicht eine Bewertung der Entwicklungsfortschritte aus dieser Perspektive – es geht schwungvoll voran. Die größten Meilensteine sind Megaprojekte, die das Ausmaß historischer Vorhaben der Zwischenkriegszeit wie dem Ausbau der »Zentralen Industrieregion« als Reaktion auf die Weltwirtschaftskrise oder der Verwandlung des Schifferdorfs Gdynia in einen gigantischen Hafen mit einer daran angeschlossenen modernen Stadt erreichen sollen.

Die polnische Erfahrung zeigt, dass man sich nicht nur auf eine von vielen Kennziffern des Fortschritts in der Energiewende wie den Anteil der erneuerbaren Energien an der Stromerzeugung konzentrieren kann. Wichtig ist ebenfalls die Diversifizierung und Stabilität der Lieferungen, aber auch die energetische Souveränität, also das Vermeiden einer systemischen Abhängigkeit, sei es von russischem Gas oder dem Energieimport aus dem Ausland. Es wäre wünschenswert, diese Imperative würden in Polen immer öfter infolge strategischer Entscheidungen realisiert anstatt nur aufgrund starker Politiker-Persönlichkeiten und deren Politik der vollendeten Tatsachen.

Aus dem Polnischen von Benjamin Voelkel

WOJCIECH JAKÓBIK ist Analytiker des Energiesektors in Polen. Er studierte Politikwissenschaft und Internationale Beziehungen und arbeitet als Dozent am Osteuropa-Kolleg der Universität Warschau. Er ist Redaktionsmitglied der Quartalschrift SPRAWY MIĘDZYNARODOWE und Gastgeber im Podcast ENERGY DRINK.

Kacper Szulecki

Die Wurzeln des polnischen Klimafatalismus

Wenn die Welt den relativ sicheren Weg zur Begrenzung der globalen Erderwärmung auf 1,5 Grad Celsius beschreiten will, müssen die am weitesten entwickelten Länder der Organisation für wirtschaftliche Zusammenarbeit und Entwicklung (OECD), einschließlich Polens, bis 2030 die Kohleverbrennung aufgeben, so die Internationale Energieagentur (International Energy Agency, IEA). Trotzdem erklärte der polnische Präsident Andrzej Duda von der Partei Recht und Gerechtigkeit (Prawo i Sprawiedliwość, PiS) auf dem UN-Klimagipfel 2018 in Warschau, es gebe in Polen keine Pläne, vollständig aus der Kohle auszusteigen, und die Kohlevorräte im Land würden wohl noch für die nächsten 200 Jahre reichen. Duda führte weiter aus, dass Polen nicht nur den Kohleausstieg verweigern werde, sondern auch auf internationaler Bühne dafür kämpfen müsse, dass weiter Kohle verfeuert werden darf.

Trotz des Ausbaus erneuerbarer Energiequellen, vor allem der Photovoltaik, ist Polen nach wie vor die am stärksten von der Kohle abhängige Volkswirtschaft in Europa. Ohne Zweifel war die schwierige Lage Polens ein Argument, das Land bei den europäischen und globalen Klimaschutzbemühungen nicht über Gebühr in die Pflicht zu nehmen. Ist diese Ausgangslage wirklich eine Erklärung für die spärlichen polnischen Ambitionen im Bereich Klimaschutz oder gibt es dafür andere Ursachen?

POLEN ALS SCHWARZES SCHAF DER EU

21 der 27 EU-Mitgliedstaaten verpflichteten sich im Rahmen der Powering Past Coal Alliance (PPCA), eines freiwilligen Zusammenschlusses von Ländern, Regionen und Städten zur Beschleunigung der Dekarbonisierung, bis zum Jahr 2030 aus der Kohle auszusteigen. Der 2021 von der polnischen Regierung veröffentlichte Strategieplan zur nationalen Energiepolitik bis 2040 (*Polityka Energetyczna Polski do 2040 roku*) sieht für das Jahr 2030 eine höhere Kohleverstromung vor als die Europäische Kommission für die gesamte EU. Im Jahr 2040, so heißt es in dem Strategieplan, sollen immer noch elf Prozent des polnischen Stroms aus der Kohleverbrennung kommen.

Rede des Präsidenten der Republik Polen, Andrzej Duda, bei der St. Barbara-Akademie der Tauron Gruppe, 4.12.2018

Es ist heute hier über die COP24-Klimakonferenz gesprochen worden, die gerade jetzt – und noch fast zwei Wochen lang – in Kattowitz [Katowice] stattfindet. Nun, eines möchte ich klar und deutlich sagen: Wir sind dabei, wir sind ihr Organisator, aber wir sind auch dabei, um die Wahrheit zu sagen, und zwar frei von politischer Korrektheit, die sehr oft von ausländischen und nicht von unseren polnischen Interessen diktiert wird.

Deshalb habe ich gestern in meiner Eröffnungsrede auf dem COP24-Gipfel gesagt, dass die polnische Wirtschaft zu einem großen Teil auf Kohle basiert und dass sich dies nicht ändern wird – sie wird weiterhin auf Kohle basieren. Natürlich werden wir den Energiemix umsetzen, wir werden unsere Strategie umsetzen, aber die Kohle ist und bleibt in Polen. Und selbst die vorsichtigsten Experten, die gestern von den Medien befragt wurden, sagten, dass es genug Kohle für mindestens 35 bis 40 Jahre Förderung gibt – von der Art, die billiger abgebaut werden kann, und für 200 Jahre insgesamt. Sie ist unser großer Schatz, wir haben die größten Reserven in Europa.

Nach https://www.prezydent.pl/aktualnosci/wypowiedzi-prezydenta-rp/wystapienia/wystapienie-prezydenta-rp-na-akademii-barborkowej-grupy-tauron,3798

Von allen EU-Ländern haben bislang nur Polen und Bulgarien offiziell noch kein Datum für den Kohleausstieg angekündigt. Ein 2020 geschlossenes Abkommen zwischen der polnischen Regierung und den Gewerkschaften garantiert eine Fortführung des Kohleabbaus im Land bis 2049. In dieser Vereinbarung wurden nur Regelungen zur Steinkohle getroffen. Die billigere und umweltschädlichere Braunkohle fand im Abkommen keine Erwähnung.

Polen ist auch das einzige EU-Land, das sich bislang nicht zu einem Netto-Null-Emissionsziel bis 2050 verpflichtet hat. Man beruft sich hier auf »die schwierige Ausgangssituation infolge des Systemwandels sowie die damit verbundenen sozialen und wirtschaftlichen Begleiterscheinungen«. Mit Sicherheit stellt die Abwicklung eines solch wichtigen Wirtschaftszweigs mit Tausenden Beschäftigten eine große Herausforderung dar, doch die meisten europäischen Länder waren bis vor kurzem ebenfalls abhängig von der Kohle. Ein positives Beispiel für den Wandel ist Großbritannien, wo in den letzten 40 Jahren die CO2-Emmissionen am stärksten reduziert werden konnten. Ähnliches gilt für Deutschland, dessen Energiemix, also die verschiedenen Energieträger, vor kurzem noch so aussah wie das von der Regierung der Partei Recht und Gerechtigkeit (Prawo i Sprawiedliwość, PiS) für 2040 in Polen geplante Szenario. Sogar in Dänemark spielte die Kohleverbrennung bei der Energieerzeugung lange Zeit keine unwesentliche Rolle – heute ist das Land Vorreiter bei der Nutzung erneuerbarer Energien.

Die Idee der nachhaltigen Entwicklung fand bereits kurz nach dem Systemwandel Eingang in die polnische Gesetzgebung. Damals gab es ehrgeizige Pläne für Investitionen in erneuerbare Energien. Doch als dieser Sektor nach 2010 endlich an marktrelevanter Bedeutung zunahm, trat der polnische Staat immer wieder als Bremser auf. Anstatt den Kampf gegen den Klimawandel ernst zu nehmen, betrachteten die polnischen Verantwortlichen die Idee der Klimapolitik selbst als Bedrohung.

WAS IST DIE KLIMASCHUTZBLOCKADE?

Die Wissenschaft ist sich mehrheitlich einig, dass der Klimawandel maßgeblich durch den Einfluss des Menschen hervorgerufen wird. Das belegen die uns vorliegenden Daten und Erkenntnisse sowie die Bedeutung des Problems an sich. Angesichts des Klimawandels herrscht in der Wissenschaft eine Art Alarmstimmung. Wissenschaftler:innen, die oft dazu neigen, sich in langwierige Diskussionen zu stürzen und die ihre Karriere auf der Infragestellung etablierter Theorien begründen, sind bei diesem Thema auffallend zurückhaltend, um durch etwaige Zweifel an gewissen Details den herrschenden kollektiven Konsens bei dieser globalen Krise nicht zu untergraben.

Ja, das Klima verändert sich; ja, diese Veränderungen sind gefährlich, und ja, Ursache für diese Veränderungen sind die Treibhausgasemissionen, für die der Mensch verantwortlich ist. Wenn wir uns nun darüber im Klaren sind und über die technologischen Lösungen verfügen, um eine Klimakatastrophe zu verhindern, warum tun wir das nicht? Die Naturwissenschaften haben noch keine Antwort gefunden auf diese Frage. Erst seit kurzem hat der Weltklimarat (Intergovernmental Panel on Climate Change, IPCC) damit begonnen, sich eingehender mit sozialen Fragen zu beschäftigen, mit den Ursachen des Widerstands gegen die Dekarbonisierung und gegen die politische Umsetzung verschiedener Pläne zur Rettung des Planeten. Nun wurde ein Begriff gefunden für die Gesamtheit aller Handlungen bzw. Unterlassungen, die zu einer Verlangsamung oder gar zum Stillstand des Klimaschutzes führen. Man spricht von »Klimaschutzblockade«, wozu sowohl die offene Leugnung (Wissenschaftsleugnung) zählt als auch die Verzögerung einer Klimapolitik auf allen Ebenen und aus verschiedenen Gründen.

Neben der Verbreitung von Desinformation und der allgemeinen Infragestellung des Klimawandels oder des menschlichen Einflusses auf die Veränderung des Klimas, also einer offenen Leugnung von Fakten, gibt es auch abgeschwächte Formen und Varianten. Eine verbreitete Erscheinung ist es, den menschengemachten Klimawandel zwar anzuerkennen, aber die Haltung zu vertreten, dass man dagegen sowieso nichts unternehmen könne (ohne die Zerstörung der modernen Welt in Kauf zu nehmen) bzw. dass die Maßnahmen einzelner Länder, Unternehmen, Gruppen oder Menschen nicht ausreichen würden, sodass es keinen Sinn habe, überhaupt etwas anzupacken.

Der Wahnsinn, die CO2-Emissionen zu bekämpfen, führt die Europäische Union dazu, Lösungen und Mechanismen vorzuschlagen, die zu einem massiven Anstieg der Strompreise und damit der Preise anderer Dienstleistungen und Produkte führen. Wir als »Solidarna Polska« sind hier, um für das Klima zu kämpfen, aber innerhalb der Grenzen der Vernunft und nicht, um in Armut zu landen, nur weil eine Gruppe von Ideologen die CO2-Emissionen gewaltsam begrenzen will. Lasst uns das Klima schützen, solange es keinen drastischen Rückgang des Lebensstandards verursacht.

Nach Zbigniew Ziobro, Facebook-Eintrag vom 16.12.2021

Eine subtilere, doch nicht minder gefährlichere Form des Kampfs gegen Klimaschutzmaßnahmen liegt vor, wenn die Klimakrise zwar als dringendes Problem anerkannt und Handlungsbereitschaft signalisiert wird, doch konkretes politisches Handeln ausbleibt. Das geschieht ziemlich häufig, daher nehmen viele Aktivist:innen politische Klimagipfel als ein Festival der organisierten Heuchelei wahr.

DIE ANATOMIE DES POLNISCHEN UNGLAUBENS

All diese beschriebenen Formen der Leugnung des Klimawandels bzw. der Behinderung von Maßnahmen für den Klimaschutz sind in Polen sichtbar. Noch vor zehn Jahren waren die öffentlichen polnischen Debatten sowohl im linken als auch im rechten Lager geprägt von einer generellen Infragestellung des Klimawandels. Das sollte nicht verwundern, denn die Polnische Akademie der Wissenschaften (Polska Akademia Nauk, PAN) war eine der letzten nationalen Institutionen auf der Welt, die eine offizielle Stellungnahme zu den menschengemachten Klimaveränderungen abgab (dies geschah erst 2007).

Zahlreiche Personen des öffentlichen Lebens haben sich in den letzten Jahren zum Teil in erschreckender Weise öffentlich geäußert und den Klimawandel geleugnet. Einen guten Überblick hierzu bietet die Webseite des Portals Nauka o klimacie[1] [Die Wissenschaft über das Klima] Aktivist:innen mit einer Liste von Vorschlägen zur Nominierung für die Auszeichnung »Klima-Unsinn des Jahres«. Heute wird die öffentliche Debatte in Polen aber nicht mehr dominiert von solch erstaunlichen Äußerungen wie der des ehemaligen Justizministers Zbigniew Ziobro (PiS), der Kohlendioxid für völlig unbedenklich erklärte, da es ja auch in kohlensäurehaltigen Getränken enthalten sei, oder die des letzten Preisträgers Jarosław Kaczyński (PiS) über die angeblich geteilten Meinungen »seriöser Wissenschaftler« zum Thema. Solche Aussagen wirken eher wie exotische Relikte der Unwissenheit.

1 Vgl. https://naukaoklimacie.pl (Anm. d. Übers.).

Premierminister Donald Tusk: Wir haben ein Problem

Ich habe mir gesagt, dass ich hier nicht über meine Vorgänger sprechen werde, aber es lohnt sich dennoch, sich bewusst zu machen, wie viele Dutzende, ja Hunderte Milliarden Zloty verschwendet und nicht für eine schnellere Transformation des polnischen Energiesektors verwendet wurden.

Ausnahmslos alle fragten (beim Treffen der EU-Staats- und Regierungschefs in Budapest am 7.11.24), wie wir überhaupt von der Wettbewerbsfähigkeit der europäischen – einschließlich der polnischen – Wirtschaft sprechen können, wenn wir die teuerste Energie der Welt haben werden.

Ich habe lange darüber nachgedacht, ob ich das so direkt sagen sollte, aber ich werde es direkt sagen. Bestimmte Annahmen über die CO2-Emissionen entwaffnen die europäische Wirtschaft, selbst in so offensichtlichen Fragen wie der Wasserstoffkraft.

Wir können nicht so tun, als befänden wir uns nicht in diesem Dilemma. Wir wollen billige Energie, wir wollen mit dem Rest der Welt konkurrieren, wir wollen eine wirklich wettbewerbsfähige Wirtschaft haben. Wir wollen, dass sich die Menschen auch in Polen über die Energiepreise sicher fühlen. Wir müssen ein System aufbauen, das uns die Chance gibt, mit den Vereinigten Staaten zu konkurrieren, und sei es nur in dieser Frage. Ich werde nicht zulassen, dass Polen in diesem Wettbewerb aufgrund der Energiepreise schlecht abschneidet. (TVN, 9.11.24)

Nach https://tvn24.pl/biznes/z-kraju/tusk-zalozenia-w-sprawie-emisji-co2-rozbrajaja-europejska-gospodarke-st8172985

Laut Studien zur Medienberichterstattung über den Klimawandel in den Jahren 2013, 2015 und 2018, die an der Jagiellonen-Universität Krakau im Rahmen des Projekts »Anatomy of Disbelief: Explaining Polish Climate Scepticism« von Aleksandra Wagner, Grzegorz Bryda und Wit Hubert durchgeführt wurden, hat sich die offene Leugnung des Klimawandels abgeschwächt, wenngleich sie immer noch einen gewichtigen Teil der öffentlichen Debatte einnimmt. So thematisierten im Jahr 2013 während der UN-Klimakonferenz in Warschau 14 Prozent der Medienberichte Standpunkte, die den Klimawandel leugneten. Fünf Jahre später, während des Weltklimagipfels in Katowice, sank dieser Anteil auf sechs Prozent. Der Diskurs wurde nun von einer Art »sekundärer« Klimaschutzsabotage geprägt, wobei der Klimawandel zwar als Tatsache anerkannt, jedoch argumentiert wird, man könne bzw. müsse nichts dagegen tun. Nach den erwähnten Untersuchungen des Forschungsteams um Professorin Aleksandra Wagner bestanden 40 Prozent des Diskurses rund um die Klimakonferenz 2013 in Warschau aus Annahmen, dass der Klimawandel zwar ein Problem darstelle, aber nicht unbedingt eine politische Reaktion erfordere. 2018 hingegen war dieser Anteil auf 21 Prozent gesunken.

Der bekannte US-amerikanische Klimatologe Michael Mann argumentiert in seinem kürzlich erschienenen Buch *The new climate war*[2], dass Verzögerung bzw. Hinausschieben, also eine subtilere Form der Klimaschutzverhinderung, heute eine größere Bedrohung für die Klimapolitik sei als die offene Leugnung des Klimawandels, die insgesamt nicht nur in Polen, sondern auch weltweit auf dem Rückzug sei. Solch eine verlogene, klimaschutzfeindliche Hinhaltetaktik erkenne zwar das Problem an und die Notwendigkeit, mit Maßnahmen darauf zu reagieren. Konkrete Handlungen jedoch würden auf den Sankt-Nimmerleins-Tag verschoben – etwa, wenn die Technologie es erlaube oder wenn die anderen großen Länder endlich tätig geworden seien. Eine Untersuchung von Medienberichten über die beiden polnischen Klimagipfel 2013 in Warschau und 2018 in Kattowitz ergab, dass sich 50 Prozent aller Debatten um Maßnahmen drehten, die erst in Zukunft ergriffen werden können.

PARTEIÜBERGREIFENDE EINIGUNG?

Es wäre einfach, der politischen Rechten und ihrem Populismus für die in Polen herrschende Skepsis gegenüber der Dekarbonisierung die Schuld zu geben. So sind es schließlich zumeist Vertreter der Parteien PiS, Konfederacja (Konföderation der Freiheit und Unabhängigkeit, Konfederacja Wolność i Niepodległość) und Suwerenna Polska (Souveränes Polen), die lautstark gegen den Ausstieg aus der Kohleförderung argumentieren. Aber vor 2015, als andere Parteien die Regierung stellten, war die Situation auch nicht besser.

Innerhalb der EU hat Polen immer wieder die Umsetzung von gemeinsamen Klimaschutzmaßnahmen behindert. Gemeinsam mit anderen mittel- und osteuropäischen Ländern drohte die damalige polnische Regierung 2009 damit, die EU-Strategie »Europa 2020« zu blockieren, die eine Verringerung von Treibhausgasemissionen, die Entwicklung erneuerbarer Energiequellen und eine Verbesserung der Energieeffizienz erzielen wollte. 2011 legte Polen ein Veto gegen den Klima- und Energiefahrplan der Europäischen Kommission ein, der eine Strategie bis 2050 vorsah. Die polnische Regierung lehnte die meisten Forderungen nach ehrgeizigeren Klimaschutzmaßnahmen ab, darunter auch das Emissionshandelssystem (Emissions Trading System, ETS) und verbindliche Ziele für den Ausbau erneuerbarer Energien. Obwohl diese Vorhaben in der EU letztendlich umgesetzt werden konnten, gelang dies aufgrund des polnischen Widerstands nur in abgeschwächter Form. So hieß es dann, anstatt einer Europäisierung der polnischen Klimapolitik habe man eine »Polonisierung« der europäischen Klimaziele erreichen können, konkret eine Aufweichung der Vorgaben zugunsten der polnischen Kohleindustrie.

2 Die deutsche Übersetzung erschien 2021 im Verlag Solare Zukunft unter dem Titel *Propagandaschlacht ums Klima. Wie wir die Anstifter klimapolitischer Untätigkeit besiegen* (Anm. d. Übers.).

2014 drohte die Regierung unter der damaligen Ministerpräsidentin Ewa Kopacz von der Partei Bürgerplattform (Platforma Obywatelska, PO) lange mit einem Veto gegen die EU-Pläne zur Klimastrategie bis 2030, während die sich in der Opposition befindliche PiS im Wahlkampf ankündigte, aus der europäischen Klimapolitik vollständig auszusteigen. Auch nach der Machtübernahme der PiS haben sich Oppositionspolitiker:innen immer wieder auf die Seite der Regierung geschlagen und die europäische Energie- und Klimapolitik grundsätzlich in Frage gestellt. Dies deutet auf eine parteiübergreifende klimaskeptische Koalition hin, die auch nach dem erneuten Machtwechsel infolge der Parlamentswahlen 2023 vermutlich nicht verschwinden wird.

Die strategische Ausrichtung in den wichtigen Firmen und Institutionen in Polen wird nicht von einer Ideologie oder einer Interessengruppe bestimmt. Den Rahmen der polnischen Klimapolitik geben oft in ähnlichen Kategorien denkende Expert:innen, Entscheidungsträger:innen und Wissenschaftler:innen vor, die in Energieunternehmen, staatlichen Behörden, Ministerien und in ihnen nahestehenden Denkfabriken und Medien sitzen. Die polnische Klimapolitik ist maßgeblich in den Regierungsinstitutionen verankert, vor allem in den für Klima- und Energiepolitik zuständigen Ministerien. Unter der Regierung der PiS spielten das Ministerium für Staatsvermögen (Ministerstwo Aktywów Państwowych) sowie das Ministerium für Klima und Umwelt (Ministerstwo Klimatu i Środowiska) eine wichtige Rolle. Diese Gemengelage zwischen Regierung und Wirtschaft ist für den polnischen Klimafatalismus verantwortlich: die Überzeugung, dass eine schnelle und effektive Dekarbonisierung unter polnischen Bedingungen nicht möglich sei.

KOHLE ALS FUNDAMENT DES STAATS

Dabei ist der fehlende Fortschritt bei der Dekarbonisierung der polnischen Wirtschaft nicht mit dem großen Anteil von Kohleverstromung beim nationalen Energiemix zu erklären. Von entscheidender Bedeutung ist vielmehr die Rolle der polnischen Energieunternehmen im politischen System.

Nach der Privatisierung und der damit verbundenen Zersplitterung in den 1990er Jahren hat Polen unter dem Druck der EU seine Kraftwerksanlagen in vier großen Unternehmen gebündelt: PGE S.A. (Polska Grupa Energetyczna, Warschau), Tauron S.A. (Kattowitz), Energa S.A. (Danzig) und Enea S.A. (Posen). Hierzu sind noch die nationalen Mineralölkonzerne zu rechnen: Orlen S.A. und die vor kurzem von Orlen übernommene Grupa Lotos S.A., der Gaskonzern PGNiG (Polskie Górnictwo Naftowe i Gazownictwo S.A.) sowie der vollständig vom polnischen Staat kontrollierte Stromnetzbetreiber PSE S.A. (Polskie Sieci Energetyczne).

Durch die vom polnischen Finanzministerium ausgeübte Aufsichtsfunktion in diesen Unternehmen, also *de facto* den Einfluss des jeweiligen regierenden politischen Lagers,

werden die Grenzen zwischen öffentlicher Verwaltung, Politik und dem Energiesektor verwischt. Das hängt mit einem weiteren Problem der politischen Kultur in Polen zusammen. Im Zuge der Systemtransformation nach 1989 gelang es nicht, einen starken und professionellen öffentlichen Verwaltungsapparat aufzubauen, da viele Einrichtungen bis heute unter parteipolitischem Einfluss stehen und infolgedessen jeder Regierungswechsel personelle Veränderungen auf vielen Ebenen nach sich zieht. Außerdem ist die öffentliche Meinung skeptisch gegenüber sogenannten Berufspolitiker:innen, deren Karriere oftmals in einer Parteijugendorganisation beginnt und die sich dann im Parlament oder sogar in der Regierung wiederfinden, denn das erinnert viele Menschen an den Karrierismus unter kommunistischer Herrschaft. Stattdessen wird von Zeit zu Zeit der Ruf nach einer Expertenregierung laut, da Minister und Ministerinnen nach polnischem Recht kein direktes demokratisches Mandat benötigen. Auch wenn ein Abgeordneten- oder Senatorenmandat für ein Ministeramt nicht erforderlich ist, so sind doch relevante Erfahrungen in einem bestimmten Fachgebiet gern gesehen.

Daher gab es in der Vergangenheit zum Beispiel Ärzte bzw. Ärztinnen, die Gesundheitsminister bzw. -ministerin wurden. Für einen Posten im Energieministerium wird eine entsprechende Expertise im Energiesektor in der Regel vorausgesetzt.

Solch eine Situation begünstigt leider die zuweilen intransparente Vergabe von Posten und den sogenannten Drehtür-Effekt, wenn Personen aus staatlich regulierten Wirtschaftssektoren in die Regulierungsinstitutionen wechseln und umgekehrt. Auf diese Weise werden informelle Kontakte geknüpft. Der Einfluss der wirtschaftsnahen Lobby auf die Politik ist nur schwer zu kontrollieren. Hinzu kommt, dass die staatlichen Aufsichtsbehörden oftmals die Sichtweise der von ihnen beaufsichtigen Unternehmen übernehmen und dazu tendieren, die Interessen des Staates und der polnischen Gesellschaft mit den Interessen dieser Unternehmen gleichzusetzen.

Da sich diese Unternehmen unter staatlicher Kontrolle befinden, passiert es immer wieder, dass hier für bestimmte Personen Posten geschaffen bzw. gefunden werden – als Dank für politische Gefälligkeiten oder einfach, um diese Personen irgendwo unterzubringen. Zwar dürfen Minister:innen und ihre Stellvertretung nicht in den Aufsichtsräten staatlicher Unternehmen sitzen, der Leitung von Ministerialabteilungen und anderen Bediensteten ist dies jedoch nicht verwehrt. Ihre formelle Aufgabe liegt darin, die Interessen der Staatskasse zu schützen. Unter den Minister:innen gibt es einige, die in ihrer mehrjährigen Laufbahn in mehreren Aufsichtsräten Posten bekleidet haben. Solch ein Aufsichtsratsmandat bildet oftmals die Grundlage für eine andere, zukünftige Position im gleichen Unternehmen, wenn die Betroffenen den Staatsdienst verlassen und nach einem Posten in der Wirtschaft suchen.

VORGETÄUSCHTER KLIMASCHUTZ

Die Möglichkeit, lukrative Posten untereinander zu verteilen sowie die hohen Dividenden, die von den Energieunternehmen an den polnischen Staatshaushalt fließen, führen dazu, dass sich die Energiepolitik in Polen nach ihnen ausrichtet. Ambitionen und Ziele der Klimapolitik werden durch die fehlende Rentabilität möglicher Veränderungen in den Kassen eben dieser Firmen einfach ausgebremst. So stimmen die polnischen Entscheidungstragenden im Hinblick auf die Dekarbonisierung letztendlich nur Lösungen und Visionen zu, welche die wirtschaftlichen Grundlagen des staatlich-industriellen Energiekonglomerats nicht in Frage stellen.

Um Handlungsbereitschaft zu zeigen und gleichzeitig auf die internationale Klimapolitik einzuwirken, war Polen von Anfang an stark eingebunden in die Verhandlungen zum Rahmenübereinkommen der Vereinten Nationen über Klimaänderungen (United Nations Framework Convention on Climate Change, UNFCCC), kurz Klimarahmenkonvention. Der ehemalige polnische Umweltminister Jan Szyszko (1944–2019) war Präsident der 1999 in Bonn stattfindenden Klimakonferenz COP5. Polen

Aktivist:innen des »Jugendlichen Klima-Streiks« bei einer Demonstration in Warschau 2021

selbst war Gastgeber für drei Klimagipfel: 2008 in Posen (Poznań), 2013 in Warschau und 2018 in Kattowitz (Katowice). All diese Veranstaltungen wurden von den nationalen Energiekonzernen gesponsert. Die polnische Seite präsentierte dort ihre Ideen als eine vernünftige Alternative zu den »ideologisch motivierten« Maßnahmen für den Klimaschutz. Dabei handelte es sich jedoch zumeist um diplomatische Rituale und leere Rhetorik, die im Kern von der Tatsache ablenken sollte, dass sich im Land selbst nur wenig bewegt.

Dabei steht Polen vor der Aufgabe, alles zu tun, um so schnell wie möglich seine CO2-Emissionen zu senken. Der Faktor Zeit ist hier von entscheidender Bedeutung, denn die Emissionen kumulieren sich über die Jahre. Das von der Wissenschaft formulierte Ziel ist die Klimaneutralität (Netto-Null-Emissionen) bis 2050. Dabei ist zu bedenken, dass ein in diesem Jahr abgeschaltetes und durch emissionsfreie Energiequellen ersetztes Kohlekraftwerk besser ist als zwei Kohlekraftwerke, die erst 2040 abgeschaltet werden sollen, denn *de facto* würden dadurch CO2-Emissionen von 17 Jahren vermieden werden.

Regierungsunabhängige Experten und Expertinnen verweisen auf erneuerbare Energien als schnellste und preiswerteste Lösung, denn somit könnten die Emissionen der Energiewirtschaft schnell reduziert werden. Im Hinblick auf das Klima ist es wichtiger, die Emissionen schnellstmöglich um 70 bis 80 Prozent zu reduzieren, als eine vollständige Dekarbonisierung zeitlich nach hinten zu schieben. Ein Hauptargument der Klimafatalisten ist, man könne die gesamte Energieversorgung nicht ausschließlich mit erneuerbaren Energien betreiben.

Aus Sicht des bestehenden Systems ist der Ausbau dezentraler erneuerbarer Energien jedoch ein Problem, da somit die Gewinne der Energieunternehmen geschmälert werden. Eigentümer und Betreiber von Wind- und Solaranlagen in Polen sind oft Unternehmen, Genossenschaften oder Privatpersonen bzw. einzelne Haushalte. Das bedeutet, dass der Marktanteil der staatlichen Energieunternehmen von Jahr zu Jahr sinkt. Durch erneuerbare Energien sinkt auch der Großhandelspreis für Energie, während die Fixkosten für konventionelle Kraftwerke sowie der CO2-Preis weiter steigen. Daher rührt der systembedingte Widerstand gegen einen raschen Ausbau der erneuerbaren Energien in Polen, vor allem gegen die Windkraft. Anstelle konkreter Maßnahmen zur Dekarbonisierung werden der Öffentlichkeit eine Reihe ehrgeiziger Visionen von Veränderungen in einer unbestimmten Zukunft präsentiert, die erst durch gewaltige Technologierevolutionen möglich würden und die Emissionsprobleme ein für alle Mal lösen könnten. Die polnischen Vorhaben beruhen jedoch auf Technologien, bei denen eine praktische Umsetzung noch in weiter Ferne scheint oder die heute noch völlig hypothetisch sind. Zukunftsvisionen können durch eine rationale Planung die Rolle eines gesellschaftlichen Kontrollinstruments erfüllen und den bestmöglichen Weg zu den gewünschten Ergebnissen aufzeigen; sie bieten einen Blick auf die Probleme aus einer Perspektive, die über das politische Tagesgeschehen hinausgeht. Ein 2015 von Bruce Tranter und Kate Booth in der Zeitschrift GLOBAL ENVIRONMENTAL CHANGE veröffentlichter Forschungsbericht[3] weist darauf hin, dass der sogenannte »Techno-Optimismus«, also der Glaube an die Lösung von Umweltproblemen primär durch Fortschritt und Wissenschaft, in der Regel mit einem geringeren Umweltbewusstsein einhergeht.

3 Bruce Tranter, Kate Booth: Scepticism in a changing climate: A cross-national study. In: GLOBAL ENVIRONMENTAL CHANGE Nr. 33 (2015), S. 154–164, https://www.sciencedirect.com/science/article/abs/pii/S0959378015000758 (17.12.2024).

»SAUBERE KOHLE« UND »TROPFEN AUF DEM HEISSEN STEIN«

Einer der ersten Vorschläge dieser Art betraf »saubere Kohletechnologien«, die im Rahmen eines inländischen Forschungsprogramms entwickelt werden und Polen als Land in die Lage versetzen sollten, seinen Kohlesektor auch während und nach der Energiewende zu erhalten. 2013 eröffnete das polnische Nationale Forschungsinstitut für Bergbau (Państwowy Instytut Badawczy, GIG) ein Zentrum für saubere Kohletechnologien (Centrum Czystych Technologii Węglowych), das umfangreiche finanzielle Förderung vom Staat und aus EU-Fonds erhielt. Wie der Einsatz dieser Technologien in der Praxis aussehen könnte, ist weiterhin unklar, doch werden sie in Expertenkreisen aus Regierung und Industrie weiterhin als Argument gegen die EU-Klimapolitik und gegen die schwindende Rolle der Kohle angeführt.

Aufgrund seiner stark emissionsbelasteten Energieerzeugung war Polen einer der Vorreiter bei der Entwicklung von Technologien zur CO2-Abscheidung und -speicherung (Carbon Capture, Utilisation and Storage, CCUS). Erste Pilotprojekte gab es schon unter der Regierung der PO in den Jahren 2007–2011. Seitdem sind kaum Fortschritte erzielt worden, obwohl die staatlich kontrollierten Energiekonzerne (Lotos, Enea und Tauron) in ihren aktuellen Strategien CCUS-Projekte erwähnen. Viele der modellierten Wege zu einer Netto-Null-Emission beruhen vor allem auf einer groß angelegten CO2-Verpressung unter der Erde, was vorerst, nicht nur in Polen, eine hypothetische Lösung bleibt.

Ein ähnliches Beispiel stammt aus dem Jahr 2016, als die polnische Staatsforstverwaltung (Lasy Państwowe) ein Projekt zur Kohlenstoffforstwirtschaft (Leśne Gospodarstwa Węglowe) vorstellte, bei dem Industrieholzplantagen in Kohlenstoffsenken umgewandelt werden sollen. Im gleichen Jahr warb die polnische Delegation auf der UN-Klimakonferenz in Marrakesch für eben diese Idee zusammen mit dem Konzept einer »abfallfreien Kohleenergiegewinnung«. Dieses Konzept wurde 2017 per Verordnung in Polen eingeführt. Die staatlichen Energieunternehmen investierten in das Programm und wurden ermutigt, durch eine kreative Kohlenstoffbuchhaltung CO2-Emissionen für sich selbst abzuziehen.

Das ganze Konzept einer CO2-freundlichen Forstwirtschaft stand im Widerspruch zu nationalen wissenschaftlichen Erkenntnissen, wonach der Umfang der geplanten Anpflanzungen nur ein Tropfen auf dem heißen Stein sei im Vergleich zur tatsächlich erforderlichen Emissionsreduzierung. Die regierungsnahen polnischen Medien warben jedoch vehement für diese Idee und präsentierten sie als Polens einzigartigen Beitrag zum globalen Klimaschutz und als einen gangbaren Weg, mit dem das Land seinen Kohlesektor erhalten und gleichzeitig seine internationalen Verpflichtungen erfüllen könne.

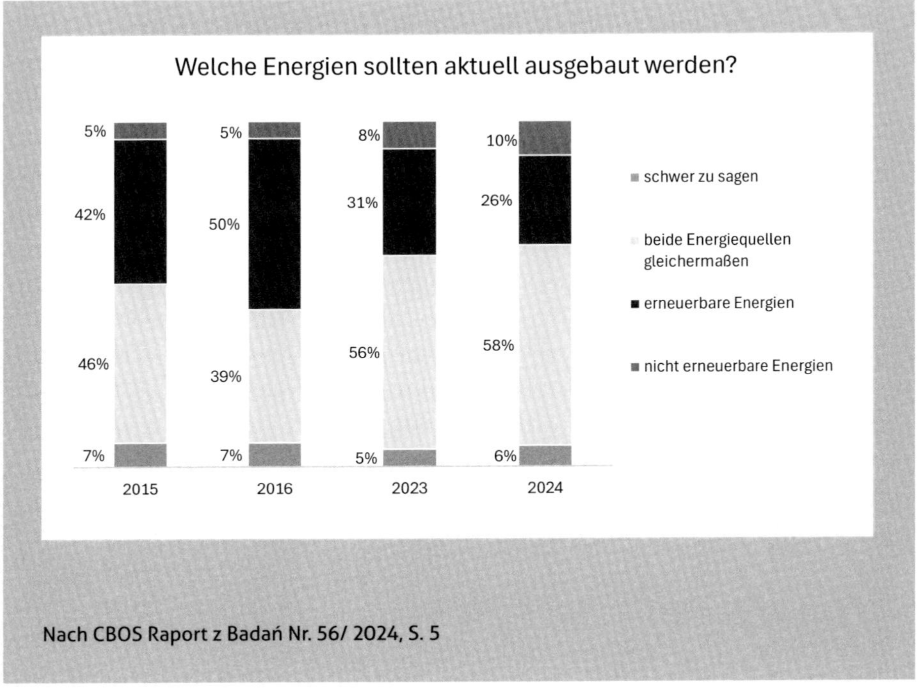

Nach CBOS Raport z Badań Nr. 56/ 2024, S. 5

ATOMENERGIE »FÜR DAS KLIMA«

Das populärste aller technologischen Allheilmittel ist die Kernenergie. Die Rolle der Kernenergie im Zusammenhang mit der Klimaschutzverhinderung besteht darin, dass sie zwar theoretisch kompatibel ist mit erneuerbaren Energien, jedoch Aufmerksamkeit von ihnen ablenkt, konkret auch finanzielle Mittel abschöpft und auf einer anderen Struktur des Stromnetzes basiert. Anstatt die Emissionen über zehn oder zwanzig Jahre hinweg kontinuierlich zu senken, wartet man auf die Inbetriebnahme der geplanten Kernreaktoren, deren Bau mehrere Jahre in Anspruch nimmt und in der Regel länger dauert als ursprünglich geplant.

Nach Ansicht der polnischen Regierung und vieler ihr nahestehender Expertinnen und Experten sind große Kernkraftwerke der einzige realistische Weg, um eine umfassende Dekarbonisierung des Energiesektors zu erreichen. Das bereits erwähnte Szenario für die Energiepolitik bis 2040 sieht bis Mitte der 2040er Jahre eine installierte Kapazität von 9.000 Megawatt für Kernkraftwerke in Polen vor; das ist eines der ehrgeizigsten Vorhaben weltweit. Diese Menge würde dann jedoch lediglich 20 bis 25 Prozent des polnischen Strombedarfs decken. Sollte Polen dadurch erst nach 2040 aus der

Kohleverstromung aussteigen, so würden die bis dahin kumulierten Emissionen des polnischen Stromsektors das nationale CO2-Budget weit überschreiten.

Inzwischen arbeiten fast alle großen polnischen Energieunternehmen an Plänen im Bereich der Kernenergie. Neben der für die Regierungspläne zuständigen PGE engagiert sich auch der Mineralölkonzern Orlen für die Kernenergie in Polen. So kündigte man 2023 an, 76 kleine modulare Reaktoren (*small modular reactors*, SMR) mit einer Gesamtleistung von 22.000 Megawatt an 26 verschiedenen Standorten bauen zu wollen; der erste von ihnen soll bereits 2028 ans Netz gehen. Das Problem liegt darin, dass der amerikanische Partner von Orlen bislang nicht einen einzigen Reaktor produziert hat und es weiter in den Sternen steht, ob und wann eine Serienfertigung von modularen Reaktoren möglich sein wird.[4] Wenn man nun alle optimistischen Pläne betrachtet, die von staatlichen und privaten Investoren in den Medien verkündet wurden, kommt man zusammen auf 126 Reaktoren unterschiedlicher Bauart, was selbst den Atomlobbyisten und Politikern der PiS unrealistisch erscheint.

NEUE HOFFNUNG

Der Ausstieg aus der Kohle ist für Polen eine echte Herausforderung. Andere europäische Länder befinden sich in einer ähnlichen Situation. Die schwierige Ausgangslage, oftmals angeführt als Rechtfertigung für die Verzögerung von Klimaschutzmaßnahmen, sollte hier nicht als Entschuldigung herhalten. Sie bietet auch keine Erklärung für den Charakter der polnischen Debatte um Klimapolitik.

Die Ergebnisse der Untersuchungen der Medienberichterstattung weisen auf eine Verlagerung des Schwerpunkts in der Klimadiskussion hin. Das ist erfreulich. Ebenfalls positiv zu bewerten ist, dass Politiker:innen und Regierungsbeamt:innen dieses Thema in den letzten Jahren zunehmend ernster nehmen, da auch in Polen die Erscheinungen des Klimawandels deutlicher sichtbar werden. Die Beschäftigten des Ministeriums für Klima und Umwelt weisen immer wieder auf die wachsende Bedeutung ihres Ministeriums und auf die Priorität der Klimapolitik selbst hin, trotz der ideologischen Widerstände von Seiten der PiS-Partei.

Leider ist schon viel Zeit vergeudet worden, die man hätte nutzen können, um die Emissionen im polnischen Energiesektor schrittweise zu reduzieren. Symbolisch dafür steht der »Kampf gegen Windmühlen«, den rechte Politiker:innen jahrelang gegen den Ausbau der Windenergie auf dem polnischen Festland führten. Diese preiswerteste

4 Vgl. Adam Juszczak: Kleine modulare Atomreaktoren (SMR) – die Zukunft der Energietransformation in Polen? In: Polen-Analysen Nr. 323 vom 06.02.2024, https://laender-analysen.de/polen-analysen/323/kleine-modulare-atomreaktoren-smr-die-zukunft-der-energietransformation-in-polen/ (17.12.2024).

Form der erneuerbaren Energien wurde somit massiv blockiert, was zur Folge hatte, dass Tausende von Tonnen Kohlendioxid in die Atmosphäre ausgestoßen wurden. Das hätte vermieden werden können. Es bleibt zu hoffen, dass die im Oktober 2023 neu gewählte Regierung in Polen in der Lage sein wird, die Energiewende im Land schnell und effektiv auf den richtigen Weg zu bringen und sich nicht damit begnügt, auf dem Papier attraktive, aber oft rein hypothetische Visionen einer CO2-freien Zukunft zu präsentieren.

Aus dem Polnischen von Christian Prüfer

Dieser Artikel zitiert Forschungsergebnisse aus dem von der Oxford Noble Foundation finanzierten und von der Jagiellonen-Universität Krakau, der Universität Oslo und dem King's College London durchgeführten Projekt »Anatomy of Disbelief« sowie dem von der Brown University und dem internationalen Climate Social Science Network unterstützten Projekt »Climate Obstruction in Europe« unter Leitung von Dr. Julia Szulecka und Dr. Tomas Maltby.

Der Text erschien ursprünglich in der Monatsschrift ZNAK Nr. 823 (12/2023), S. 62–68.

KACPER SZULECKI ist Professor für internationale Klimapolitik am norwegischen Institut für Auswärtige Angelegenheiten und am INCLUDE-Forschungszentrum für eine gerechte Energiewende an der Universität Oslo, langjähriges Mitglied der Redaktion der Wochenzeitschrift KULTURA LIBERALNA.

Warten auf den Reaktor

Michał Hetmański im Gespräch mit Krzysztof Story

Krzysztof Story: »Wir gehen mit aller Vorsicht davon aus, dass das Kernkraftwerk im Jahr 2040 in Betrieb genommen werden wird. Unsere Vorgänger hatten dafür etwas zu optimistisch das Jahr 2032/2033 vorgesehen«, sagte Polens Industrieministerin Marzena Czarnecka kürzlich unvermittelt in einem gewöhnlichen Fernsehinterview. Mit der Ankündigung, dass sich die größte Investition in Polen um sieben Jahre verzögern wird, löste sie heftige Reaktionen aus.

Michał Hetmański: Zunächst einmal muss man sagen, dass die Ministerin ihre Äußerung korrigiert hat: Sie meinte, dass der letzte von drei Reaktoren, die in der Gemeinde Choczewo an der Ostseeküste entstehen sollen, in den Jahren 2039/2040 in Betrieb gehen wird. Dem ursprünglichen und offiziell weiter gültigen Projektplan zufolge sollte das 2037 geschehen. Wir sprechen also von einer Verzögerung um drei Jahre.

Das ändert nichts an der Tatsache, dass eine weitere Aufregung rund um die Kernenergie entstanden ist. Vor einigen Monaten hat der zuständige Woiwode die Wahl des Standorts selbst in Zweifel gezogen, was dann vom Ministerium für Klima und Umwelt dementiert worden ist. Versuchen wir, dieses Chaos zu ordnen: In welcher Etappe befinden wir uns?

Vor allem haben wir einen ersten Standort und eine Baufirma ausgesucht, das amerikanische Firmenkonsortium Westinghouse und Bechtel, mit dem wir bereits einen Vertrag für die Konstruktion des Atomkraftwerks unterzeichnet haben. Die Konsultationen und Projektarbeiten zu den begleitenden Investitionen, etwa einer Eisenbahnlinie, dauern an.

Es wird viel geplant, aber nichts gebaut. Ursprünglich sollte aus dem ersten Reaktor im Jahr 2033 Strom fließen. Das wird fast sicher nicht gelingen, die meisten Experten gehen von eineinhalb bis zwei Jahren Verzögerung aus.

Die wir nur in der Phase erzielt haben, in der wir die Genehmigungen bekommen haben, als der Ball auf staatlicher Seite lag.

Der Machtwechsel [2023] hat bestimmt nicht geholfen.

Leider. Aber sowohl die vorherige als auch die jetzige Regierung waren sich jenseits aller Trennlinien über den Sinn dieser Investition einig. In der Theorie, denn in der Praxis fehlt die Kontinuität der Entscheidungen und der Weitergabe von Informationen. Hier sind im Übrigen die Wahlen nicht die einzige Ursache – bei einer so großen Investition kommen auch alle Schwächen des »Polens der Ministerien« ins Spiel. Natürlich gibt es nur einen Investor, das speziell vom Staat geschaffene Kernkraft-Unternehmen Polskie Elektrownie Jądrowe (PEJ), aber das gesamte Projekt erfordert das Zusammenwirken einiger Ministerien, Verwaltungen und staatlicher Behörden. Und einmal mehr stellte sich heraus, dass es viel einfacher ist, Geld für eine große Investition aufzutreiben, als für die Gehälter der Beamtinnen und Beamten, die sie effektiv und klug lenken.

Das klingt, als wäre Polen so etwas wie ein Atomversager: unfähig, eine wirklich große Investition durchzuführen.

Es gibt eine Reihe von Dingen, die wir besser, schneller und cleverer machen können und sollten, aber man muss auch offen sagen: Wir sind keine Ausnahme. Bevor wir uns selbst geißeln, lassen Sie uns einmal überlegen: Wo wird so ein Kernkraftwerk schnell und reibungslos gebaut? In autoritären und totalitären Ländern, wo es keine gesellschaftlichen Konsultationen gibt und alle Analysen »bestellt« sind. Für uns sollten nicht China oder die Vereinigten Arabischen Emirate die Bezugspunkte sein, sondern Europa, und hier ist in der Atombranche das Einhalten von Terminen eine Seltenheit.

Dabei lohnt es sich zu wissen, dass bei uns manchmal auch etwas klappt. Im Laufe der letzten Jahre haben wir in Polen fast eine halbe Million alte Kohleöfen, die die Luft verpestet haben, aus dem Verkehr gezogen. An so etwas denken wir selten, aber verwaltungsmäßig betrachtet, war das keineswegs eine geringere Herausforderung als der Bau eines Kernkraftwerks.

Es war klar, dass die neue Regierung erst ordentlich in ihren Sesseln Platz nehmen und die von den Vorgängern überlassenen Papiere durchsehen muss, bevor sie überhaupt handeln kann. Aber seit den Wahlen ist ein halbes Jahr vergangen. Es wäre wohl an der Zeit zu sagen: Das ist jetzt abgehakt.

Es ist meiner Meinung nach noch zu früh, um die Regierung hinsichtlich dieses konkreten Kraftwerks zu bewerten. In dem Unternehmen PEJ wurde ein Teil des Teams ausgetauscht, nun werden die nächsten Genehmigungen eingeholt und Entscheidungen getroffen; der Auftragnehmer arbeitet am Projekt. In der Zwischenzeit war das Kernkraftwerk während des Besuchs des Premierministers und des Staatspräsidenten in den Vereinigten Staaten ein Thema. Das war eine höfliche Geste und zugleich eine Bestätigung des Kurses, den die Vorgängerregierung eingeschlagen hatte. Ein großes Problem ist aber sicherlich, dass die Kommunikation mit der Gesellschaft fehlt, beispielsweise ein offenes Gespräch über die Verzögerungen und die Aktualisierung des Zeitplans. Es handelt sich um eines der größten Projekte im Land, wir leisten alle unseren Beitrag dafür und wir haben das Recht, mehr zu wissen. Von der Investorenseite werden dagegen die Regierungsverhandlungen in Brüssel entscheidend sein, sowie die Entscheidungen zum Finanzierungsmodell.

Worum geht es dabei konkret?

Stark vereinfacht gesagt: wer wie für den Kraftwerksbau bezahlt und wie der von ihm erzeugte Strom abgerechnet wird.

Eigentümer wird der Staat sein.

Mehrheitlich. Uns lag auch daran, dass der Auftragnehmer Westinghouse einen Teil der Anteile übernommen hat. Der jetzige stellvertretende Minister Miłosz Motyka hat von 30 Prozent gesprochen, Piotr Naimski, der unter der Regierung der Partei Recht und Gerechtigkeit (Prawo i Sprawiedliwość, PiS) die Basis für diese Investition geschaffen hat, sogar von 49 Prozent. Das Problem ist aber, dass die Amerikaner dazu überhaupt nicht bereit sind. Sie sehen sich lieber als Reaktorbauer denn als Investor. Aus ihrer Sicht ist das vorteilhaft, aber ist es das auch aus unserer? Nachgedacht wurde auch über ein genossenschaftliches Modell, bei dem z. B. energieeffiziente Firmen etwas zum Bau beitragen würden, die dann mit billigerem oder kostenlosem Strom rechnen könnten. Ähnliche Lösungen wurden z. B. in Finnland angewendet, aber bei uns ist das eher wenig wahrscheinlich. Wir können es auch selbst bezahlen, indem wir teilweise ausländische Kredite aufnehmen. Einen großen Teil der Darlehen wird uns voraussichtlich die amerikanische Exim-Bank gewähren.

Entscheidend ist die Phase, in der wir uns gerade befinden: die Verhandlungen mit der Europäischen Kommission über die Verwendung öffentlicher Gelder bei der Investition sowie die Art und Weise des Verkaufs von Strom aus diesem Kraftwerk, weil dies über die Rentabilität der Investition entscheidet.

Wie bitte? Wir planen ein Kraftwerk, in einem Wald am Meer in der Gemeinde Choczewo steht schon ein kleines Containerdorf, es gibt geologische Bohrungen, aber wir haben keine Ahnung, wer das alles bezahlen wird? Sollte es nicht umgekehrt sein?

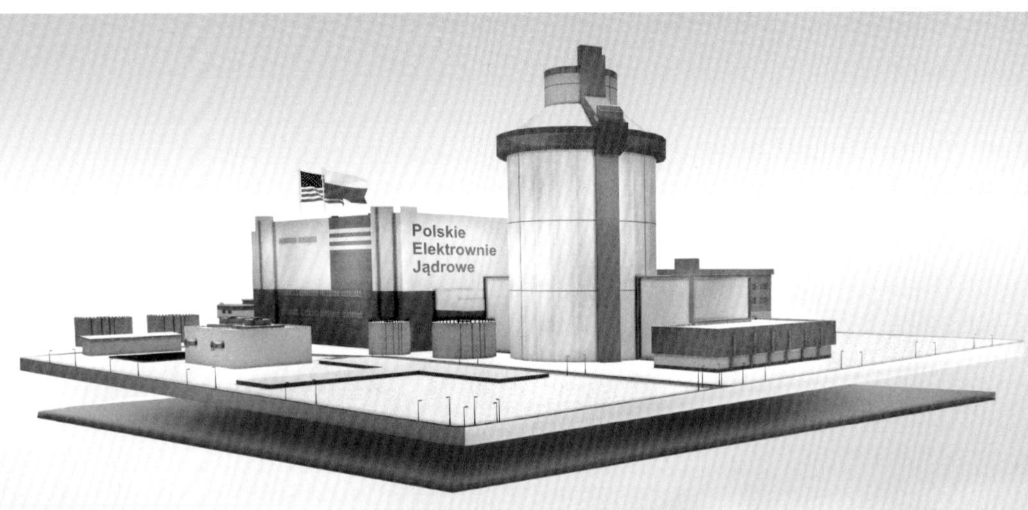

Entwurf des ersten polnischen Atomkraftwerks an der Ostsee, das voraussichtlich 2036 fertiggestellt werden soll.

Meiner Meinung nach ja, aber sowohl die jetzigen als auch die vorigen Regierenden haben vielfach wiederholt, dass man sich in Verhandlungen bis zuletzt nicht in die Karten schauen lässt. So lautete insbesondere die Doktrin der wichtigsten Person in der polnischen Energiewirtschaft des letzten Jahrzehnts, Piotr Naimski, der von 2015 bis 2022 Regierungsbevollmächtigter für die Energieinfrastruktur war. Erinnern wir uns außerdem daran, wie angespannt und politisch instrumentalisiert die Beziehungen zu Brüssel in der Regierungszeit der PiS waren. Die Vorgängerregierung war somit bemüht, die Energiewirtschaft separat von der europäischen Gesetzgebung aufzubauen.

Wäre es anders möglich gewesen?

Ja. Polen hatte sich dafür entschieden, zunächst einen Partner zu finden und erst dann mit der EU zu sprechen. Genau andersherum machen das gerade unsere südlichen Nachbarn. Am 30. April hat Tschechien von der EU-Kommission die Zustimmung zu öffentlicher Hilfe beim Ausbau des Atomkraftwerks Dukovany erhalten. Der Staat wird 40 Jahre lang den Preis des in dem neuen Reaktor erzeugten Stroms künstlich regulieren dürfen. Mit diesem Wissen denken sie erst jetzt über die Angebote der einzelnen Hersteller nach.

Haben wir durch unsere Taktik etwas gewonnen?

Nein, wir haben sicher Zeit verloren.

Und ist der Vertrag mit Westinghouse und Bechtel selbst für uns vorteilhaft?

Meiner Meinung nach nein, und zwar durch seine Konstruktion. Die verbissenste Diskussion betraf die Frage, wer unser Partner sein sollte. Außer den Amerikanern hatten wir noch die Koreaner und die Franzosen zur Auswahl. Inzwischen glaube ich, dass der grundlegende Fehler nicht ist, mit wem, sondern worauf wir uns geeinigt haben.

Auf das Projekt eines Kernkraftwerks mit drei AP1000-Reaktoren.

Eben. Standard in dieser Branche ist der Vertrag »Entwirf und bau«. Wir sind auf halbem Weg stehengeblieben und werden erst später den Vertrag über den Bau selbst aushandeln, der jetzige betrifft nur den Entwurf. Das belastet den Investor, also uns, leider zusätzlich, und nicht den Hersteller.

Haben wir uns den Amerikanern zu leicht unterworfen?

Wir übernehmen ein zu großes Risiko. Vielleicht haben geopolitische Gründe darüber entschieden, aber aus einer Geschäftsperspektive betrachtet sichert dieser Vertrag die polnischen Interessen nicht gut. Man hätte diese Risiken anders gestalten können, mit einem Vorteil für den Staat.

Viele dieser Dinge werden wir nicht mehr rückgängig machen können. Was sind denn für die neue Regierung die nächsten schwierigen Aufgaben?

Die erste wurde bereits umgesetzt: die Bestätigung, dass das Kraftwerk in Choczewo entstehen wird. Jetzt sollten wir so schnell wie möglich, am besten noch in diesem Jahr, zu einer Verständigung mit der Europäischen Kommission gelangen, und zwar im Rahmen der EU-Reform des Energiemarkts. Allerdings ist das Vorantreiben dieser einen Investition weder die schwierigste noch die wichtigste Mission dieser Regierung. Das Kraftwerk ist schließlich nur ein Mittel zum Zweck.

Der Zweck ist der Strom in den Netzen.

Strom in den Netzen, der stabil und billig ist und der die Atmosphäre nicht vergiftet.

Heute besteht unser Strom-Mix weiterhin mehrheitlich aus Kohle, wenn ihr Anteil auch schneller zurückgeht als irgendwelche Regierungsprognosen vorhergesehen haben. Soll die Kernenergie die Kohle ersetzen?

Das hat uns die vorige [PiS-]Regierung eingeredet und uns dabei an der Nase herumgeführt. Bei uns wird die Kohle sterben, bevor die Kernenergie das Licht der Welt erblickt hat. Und sterben ist hier wörtlich zu verstehen. In den nächsten fünf Jahren wartet auf uns eine Welle von Abschaltungen alter »Kohleleichen«, die in ihren verdienten technischen Ruhestand gehen werden. Diejenigen, welche nicht abgeschaltet werden, werden so oder so mit halber Kraft laufen. Es endet auch die Möglichkeit, Kohlestrom mit öffentlichen Mitteln zu fördern. Gleichzeitig sind die späten 2030er

Jahre ein reales Datum für die Inbetriebnahme der ersten Reaktoren. Die Ära des Atoms und die Ära der Kohle werden sich in Polen praktisch nicht begegnen.

Was erwartet uns also? Der neueste Bericht der Netzagentur Polskie Sieci Energetyczne spricht davon, dass 2026 im landesweiten System über vier Gigawatt Leistung fehlen werden. Das ist mehr als die drei Kernreaktoren, die an der Ostsee entstehen sollen.

Viele Prozesse werden parallel geschehen. Erstens: Manchmal werden wir uns durch Energieimport von den Nachbarn retten. Zweitens: In der Energiewirtschaft kann man nicht nur das Angebot, sondern auch die Nachfrage regulieren. Solche Mechanismen heißen summarisch Demand Side Response, und Polen nutzt sie schon jetzt.

Ziemlich vereinfacht ausgedrückt: Wir rufen bei einer Firma an, die viel Strom bezieht, und bezahlen sie oder belohnen sie auf andere Weise dafür, dass sie den Verbrauch reduziert oder ihn z. B. auf die Nachtstunden verschiebt, wenn das Netz nicht einmal halb so stark belastet ist. In den alten Zeiten waren Telefongespräche außerhalb der Stoßzeiten billiger – das hört sich ähnlich an. Drittens: Wir werden die erneuerbaren Energien weiterentwickeln, die schon lange keine Randerscheinung unserer Energiewirtschaft mehr sind. Im April stammte ein Drittel des Stroms in Polen aus Windrädern und Photovoltaik. Und schließlich viertens: Die Kohle werden wir teilweise durch Gas ersetzen. Während wir gerade sprechen, entstehen einige große Investitionen in diesem Sektor. Der Stromanbieter PGE baut die Kraftwerke Unteroder (Dolna Odra) und Rybnik um, die Privatfirma ZE PAK das in Adamów, und der Mineralölkonzern Orlen errichtet neue Gaskraftwerksblöcke in Graudenz (Grudziądz) und im berühmt-berüchtigten Ostrołęka. Die Entscheidungen für den Bau fielen bei einer Kabinettsklausur der Vorgängerregierung und sie werden hauptsächlich von Staatsbetrieben realisiert.

Wir werden also einen fossilen Brennstoff durch einen anderen ersetzen.

Man kann nur mit den Achseln zucken und noch einmal wiederholen, dass die polnischen Machtorgane die Energietransformation verschlafen haben. Wir werden die Zeit nicht zurückdrehen.

Wie ist bei all dem die Rolle der Kernkraft?

Unterstützend und stabilisierend – irgendwann. Aus unseren Modellen geht hervor, dass bereits im Moment der Befeuerung des ersten Reaktors die erneuerbaren Energien die Basis unseres Energiemixes sein werden. Für diese kann die Kernenergie unabhängig vom Wetter eine wertvolle Unterstützung sein. Ich wiederhole: eine Ergänzung, kein Pfeiler, wie die vorherige Regierung oft gesagt hat. In unserem Bericht zeigen wir einen Weg bis zum Jahr 2040 auf, unter der Prämisse des Baus von zwei Kernkraftwerken mit jeweils drei Gigawatt (der Prozess der zweiten Investition hat gerade erst begonnen). Sogar bei solch großen Investitionen in die Atomenergie werden über 75 Prozent des Stroms von Wind und Sonne stammen.

Drei Viertel aus erneuerbaren Energien? Aber was passiert, wenn kein Wind weht und keine Sonne scheint? Schließlich werden wir immer mehr Strom brauchen, wenn wir unsere Autos elektrifizieren, Wärmepumpen und Klimaanlagen installieren wollen.

Deshalb heißt der Bericht, den ich erwähnt habe, »Ein fast emissionsfreies Polen«. Bedenken wir, dass die Energiewirtschaft immer dynamischer wird. In Momenten der höchsten Nachfrage werden wir Gas und vielleicht auch Kohle nachladen. Das ist ein technisches Detail, aber wir können Blöcke bauen, die weniger leistungsfähig sind, die man aber sehr effizient ein- und ausschalten kann. Diese »Sonderaufgaben« werden etwa fünf bis zehn Prozent des gesamten Stromaufkommens in Polen verantworten. 90 Prozent können wir produzieren, ohne uns um das Klima und die Emissionskosten Gedanken zu machen – dank der Verbindung von erneuerbaren Energien und eben der Atomkraft. Wir hören oft sehr radikale Meinungen: entweder erneuerbare Energien oder Kernenergie. Das ist eine falsche Alternative, diese Technologien können und sollten miteinander kooperieren. Aber eher wird die Kernenergie eine Unterstützung für die erneuerbaren Energien sein als umgekehrt.

Wie viele solche Atomkraftwerke werden wir bauen müssen?

Sehr lange haben wir gehört, dass neun Gigawatt (dreimal so viel wie in Choczewo) beinahe polnische Staatsräson ist.

Wir kehren also wieder zu Piotr Naimski zurück. Das war wohl seine Lieblingszahl.

Seiner Arbeit verdanken wir die Gasleitung Baltic Pipe und das Atomprogramm. Er hatte darauf sehr großen Einfluss, aber manche dieser Überlegungen erfordern erneutes Nachdenken. Statt die künftigen Gigawattleistungen bei der Atomenergie zu vermehren, haben wir viel dringendere Aufgaben. Ich sage nicht, dass wir garantiert keine größere Menge brauchen, weil wir diese These in unseren Forschungen und Modellen noch prüfen. Man muss den Bau der beiden Kraftwerke im Auge behalten, die wir in Planung haben, zugleich aber die Energienetze entwickeln und das System planen, auch von der Kundenseite her, etwa indem wir Wirtschaftszonen in der Nähe der neuen Kraftwerke schaffen. Und natürlich muss man sich um die Entwicklung der erneuerbaren Energien kümmern, weil sie – insbesondere Windräder auf dem Meer und dem Land – für die nächsten Jahre der Stützpfeiler sein werden.

Schon heute schalten wir erneuerbare Energien ab, um nicht Gas- und Kohlenmeiler außer Betrieb nehmen zu müssen. Regierungsdokumenten zufolge wird es mit dem Atom ähnlich sein, das auf Hochtouren arbeiten soll.

Das wäre unverantwortlich. Deshalb ist es so entscheidend, klug die Prinzipien und die Verkaufspreise von Strom aus einem Kernkraftwerk festzulegen, damit es nicht den Markt dominiert. Die Kernenergie kann und darf nicht auf Kosten der erneuerbaren Energien entstehen. Wir werden auch Energiespeicher brauchen sowie vor allem einen klugen Regulator, der ein flexibles System aufbaut, das wirksam auf Veränderungen beim Wetter und der Nachfrage nach Strom reagiert. Wir müssen bedenken, wie viel es in dieser Diskussion zu gewinnen gibt, und zwar unabhängig davon, ob uns Klimaargumente erreichen oder nicht. Es handelt sich um Milliarden, die jedes Jahr in der Energiewirtschaft selbst eingespart werden, ganz zu schweigen vom Einfluss auf den

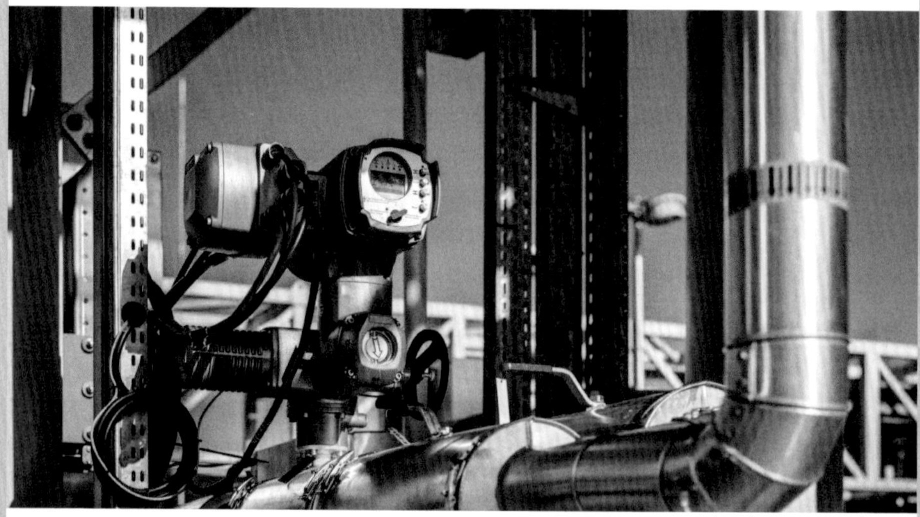

Zustand der Gesamtwirtschaft. Schon heute verschwindet wegen des Energiepreises die Produktion vieler Waren aus Polen. Wir leben in einer Welt, in der »schmutziger« Strom auch teurer Strom ist. Das wird in zehn Jahren nicht verschwunden sein, sondern sich vertieft haben. Vereinfacht ausgedrückt: Der Umbau der Energiewirtschaft wird nicht leicht sein. Dafür ist er aber unvermeidlich.

Übersetzt von Markus Krzoska

Der Text erschien ursprünglich in der Wochenzeitschrift Tygodnik Powszechny Nr. 22/2024 vom 29.5.–4.6.2024, S. 25–28.

MICHAŁ HETMAŃSKI ist Mitbegründer und Vorstandsvorsitzender der Instrat-Stiftung. Er ist Experte für Public Policy, Energie- und Klimapolitik, Energiemarktmodellierung, Energiewirtschaft und Bergbau.

KRZYSZTOF STORY ist Journalist und Podcaster, arbeitet oft mit der Wochenschrift Tygodnik Powszechny zusammen. Zusammen mit dem Reporter Wojciech Jagielski führt er den Podcast Jagielski Story über internationale Geschehnisse. Seine Texte publizierte er auch auf den Portalen Frontstory.pl und krzysztofstory.pl.

Agnieszka Hreczuk

Tschernobyl ist lange her … und die Kernenergie ist besser als Smog. Polens langer Weg zur Atomkraft

Im Mai 1986 stand ich mit meinen Mitschüler:innen vor dem Krankenzimmer unserer Schule. Eine Klasse nach der anderen wurde während des Unterrichts gerufen, um von der Schwester ein hochkonzentriertes Jodpräparat, Lugol-Lösung genannt, zu bekommen. Die dunkle Flüssigkeit roch und schmeckte furchtbar, der Brechreiz war kaum aufzuhalten. Die Lehrkräfte und der Schuldirektor achteten darauf, dass jedes Kind die Flüssigkeit schluckte und nicht wieder ausspuckte. Die Lösung wurde vom polnischen Staat nur an Kinder verabreicht. Erwachsene versuchten, das Präparat auf dem Schwarzmarkt zu bekommen. Ohne dieses Mittel könne man krank werden, Krebs bekommen oder gleich sterben – so erzählten es zumindest meine Nachbarn. Einige Leute besorgten sich unter der Hand sogar mehrere Dosierungen auf einmal, weil sie dachten, viel hilft viel … Die Erwachsenen sprachen im Flüsterton darüber – »Tschernobyl«, so lautete das seltsame Wort. Wir Kinder verstanden nur wenig: dass irgendwo eine Katastrophe passiert war und wir jetzt alle sterben könnten, denn wer wusste schon, was »die Russen« sonst noch alles verheimlichten. Dieser Teil basierte übrigens auf Fakten – Moskau hatte die polnischen Parteigenossen nicht über die Katastrophe informiert. Die Nachricht erreichte Polen erst durch den Rundfunk der BBC, zwei Tage nach dem Unfall. In Gdingen (Gdynia) bei Danzig, wo ich geboren wurde und 1986 lebte, war die mögliche Gefahr, die von einem Atomkraftwerk ausgehen könnte, ein großes Thema. Immerhin wurde zu diesem Zeitpunkt in Żarnowiec, gerade mal 60 Kilometer entfernt, ein Kernkraftwerk gebaut. Sogar wir Kinder wussten das. Tschernobyl wurde zum Begriff. Eine Gefahr, die dem Krieg gleichzusetzen war. Es war noch die Zeit der Volksrepublik – nicht unbedingt die beste Zeit für Volksversammlungen und öffentliche Proteste – und trotzdem gingen Tausende in Demos und Happenings gegen die Atomkraft auf die Straße. Menschen protestierten gemeinsam, ungeachtet ihrer politischen Differenzen: sowohl die rebellischen Jugendlichen und Studenten als auch die Familien der Militärangehörigen und Parteigenossen. Bereits Ende April fand in Warschau die erste Demonstration gegen Atomkraftwerke in Polen statt. Weitere sollten folgen. In Danzig wurde der Freitag zum Demo-Tag. »Mehr Klopapier statt Atomreaktor« stand auf den Transparenten – in einem Land, in dem auch Hygieneartikel Mangelware waren. Zum Symbol wurde ein Plakat mit einem Totenkopf und dem Slogan: Żarnowiec – STOP.

Knapp 40 Jahre später sind sich die Polinnen und Polen erneut nahezu einig, was die Kernenergie betrifft – dieses Mal allerdings genießt sie hohe Zustimmung. Aus Hass wurde Liebe (oder zumindest Sympathie), aus Gefahr eine Chance. Laut einer Umfrage von United Surveys für Radio RMF FM und die Tageszeitung DZIENNIK GAZETA PRAWNA vom November 2023 befürworten 83,5 Prozent der Polinnen und Polen den Bau von Kernkraftwerken im eigenen Land. Bei einer solch hohen Befürwortung durch die Bürger:innen muss sich die polnische Regierung, die den Bau von Kernkraftwerken vorantreibt, um eine öffentliche Kampagne keine Gedanken machen. Gerade in den letzten zwei Jahren hat die Zustimmung zu einem Atomkraftwerk in Polen eine Wende um 180 Grad erlebt.

Bis heute ist Polen eines von 14 EU-Ländern ohne eigenes Kernkraftwerk. Der Strom wird zu über 60 Prozent aus Braun- und Steinkohle erzeugt, wobei der Anteil in diesem Jahrzehnt dramatisch gesunken ist. Im Jahr 2022 war er noch um zehn Prozentpunkte höher. Bis 2049 will Polen ganz aus der Kohle aussteigen. Neben den Erneuerbaren soll die Kernenergie die wichtigste Quelle werden. Sie soll von zwei Kraftwerken erzeugt werden: einem an der Ostsee, dem anderen in Großpolen.

Die Entscheidung, in Polen ein Atomkraftwerk zu bauen, fiel erstmals Anfang der 1970er Jahre. Damals wie heute handelte es sich um gleich zwei Kraftwerke mit Standorten, die unweit der heute geplanten lagen: eines in Żarnowiec an der Ostsee, etwa 80 Kilometer von Danzig entfernt, und eines in Klempicz in Wielkopolska (Großpolen), etwa 180 Kilometer von der deutsch-polnischen Grenze. Mit einer Bruttoleistung von 1.760 bzw. 4.000 Megawatt sollten die beiden Kraftwerke ein Fünftel des damals berechneten polnischen Strombedarfs decken. Das wäre vergleichbar mit dem Anteil der Kernenergie an der Stromerzeugung in den USA oder Großbritannien gewesen. Beide AKWs sollten im Jahr 2000 ans Netz gehen. Damals waren die Vorbereitungen wesentlich weiter fortgeschritten als heute, da in Żarnowiec bereits mit dem Bau der Gebäude begonnen worden war. Als die Wände dort in die Höhe wuchsen, passierte das: Tschernobyl.

In den 1970er Jahren waren Meinungsumfragen noch nicht sehr verbreitet in Polen, so dass wir keine Zahlen aus dieser Zeit haben. Wir wissen also nicht, wie die Bürger:innen die geplanten Kernkraftwerke sahen. So richtig interessiert haben sie sich dafür zunächst wahrscheinlich nicht – außer in der direkten Umgebung: Eine große Anlage bedeutete viele Arbeitsplätze und Geld für die Gemeinden, die damals relativ arm waren. Die Regierung und die Parteigenossen waren gespalten: die in Schlesien, die stark mit der Kohleindustrie verbunden waren, wie auch die in der Schwerindustrie Beschäftigten, waren definitiv dagegen. So wie heute die Wende hin zu erneuerbaren Energien, so war damals die Atomkraft zu ihrem Nachteil. Sicher ist, dass nach der Katastrophe von Tschernobyl im Frühjahr 1986 die meisten Polinnen und Polen den Plänen zum Bau von AKWs feindlich gegenüberstanden.

Die Proteste hielten auch nach 1986 an. Das Thema wurde von einem Teil der damaligen demokratischen Opposition aufgegriffen: Es passte zum generellen Widerspruch gegen die kommunistische Herrschaft und ihre Pläne. Und diese war am Ende: 1989 gab es den Runden Tisch und die ersten halbdemokratischen Wahlen. Paradoxerweise nahmen dann die Proteste zu – die Demonstrant:innen hatten keine Angst mehr und erwarteten von der neuen Regierung, dass sie die Bürger:innen entscheiden ließ. Umweltschützer:innen demonstrierten in Warschau, blockierten das Terminal in Gdynia und traten in den Hungerstreik.

Zunächst wollte allerdings auch die erste demokratische Regierung unter Tadeusz Mazowiecki den Bau des Kraftwerks fortsetzen. Im Mai 1990 fand eine Volksabstimmung in der Woiwodschaft Pommern statt, zugleich mit den lokalen Wahlen. Bei der Volksabstimmung scheiterte die Idee des Kernkraftwerks erdrutschartig: 86,1 Prozent der Wählerinnen und Wähler sprachen sich gegen den Weiterbau aus – es waren mehrere Hunderttausend Bürger. 13,9 Prozent waren dafür. Paradoxerweise kamen die meisten Ja-Stimmen aus den von Żarnowiec weit entfernten pommerschen Gemeinden sowie aus der unmittelbaren Umgebung von Żarnowiec. Die gesamte Wirtschaft der Gemeinde stützte sich auf eine landwirtschaftliche Genossenschaft und auf das zu errichtende Kraftwerk. Die Angst vor der Armut war hier größer als vor Tschernobyl. 55 Prozent der Einwohner:innen stimmten für das AKW. Allerdings war die allgemeine Wahlbeteiligung von insgesamt knapp 45 Prozent eher bescheiden. Ob die übrigen Bürger:innen unentschlossen waren, ob ihnen das Thema egal war, ob sie dafür waren oder ob sie nach Jahrzehnten der Volksrepublik einfach dachten, ihre Stimme zähle sowieso nicht und sie hätten keinen Einfluss, ist heute reine Spekulation.

Fakt ist: Obwohl die Volksabstimmung aufgrund zu geringer Beteiligung nicht gültig war, empfahl am 4. September 1990 Industrieminister Tadeusz Syryjczyk die Stilllegung des Kernkraftwerks Żarnowiec. Am 17. Dezember 1990 fasste der Ministerrat den Beschluss, das AKW Żarnowiec stillzulegen und die Atompläne bis 2005 zu stoppen. Allerdings ist der Grund wohl mehr in Transformationsproblemen und Finanzierungsschwierigkeiten zu suchen als in Skepsis gegenüber Atomkraft. Die bereits errichteten Gebäude des Komplexes verfielen, das Gelände blieb ungenutzt. Erst am 13. Januar 2009 verkündete die Regierung von Donald Tusk den Neustart des polnischen Kernenergieprogramms – und stieß erneut auf gesellschaftliche Zweifel, erst recht nach der Katastrophe von Fukushima.

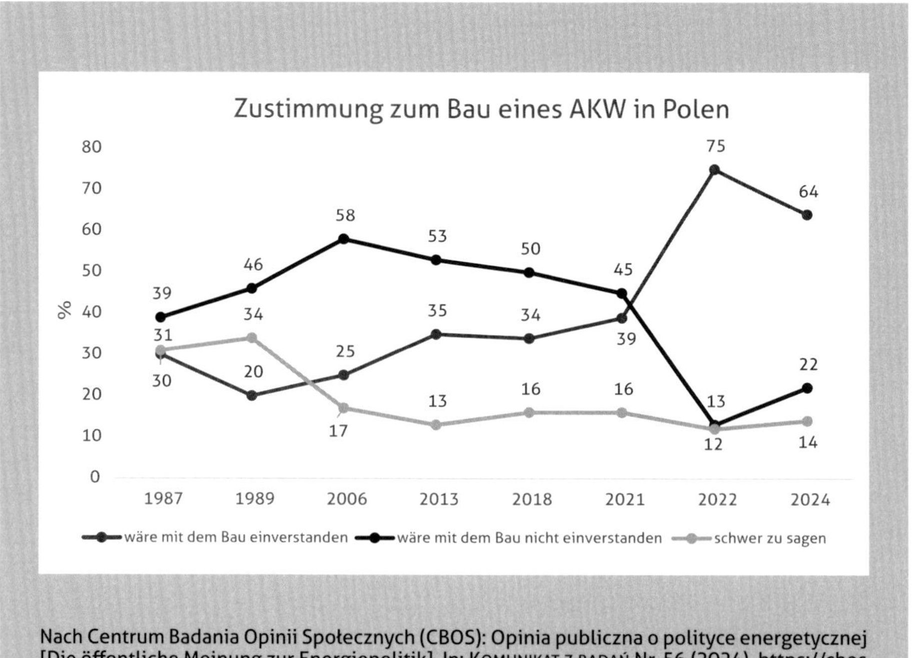

Nach Centrum Badania Opinii Społecznych (CBOS): Opinia publiczna o polityce energetycznej [Die öffentliche Meinung zur Energiepolitik]. In: KOMUNIKAT Z BADAŃ Nr. 56 (2024), https://cbos.pl/PL/publikacje/raporty/open_file.php?id=6827 (05.02.2025).

Die Ergebnisse der nach 1989 durchgeführten Umfragen zeigen, dass die öffentliche Meinung in Polen dem Bau von Kernkraftwerken stets kritisch gegenüberstand. Die Zahl der Gegner:innen des Baus von Kernkraftwerken war kontinuierlich höher als die Zahl der Befürworter:innen. Noch in der CBOS-Umfrage von 2021 waren 39 Prozent der Befragten für und 45 Prozent gegen die Erzeugung von Kernenergie. Noch ablehnender waren die Antworten, wenn es um den Bau eines AKWs in der »Nähe des Wohnorts« ging – je nach Erhebungszeitpunkt schwankte die Zahl der Kernkraftwerksgegner in diesem Zusammenhang zwischen 57 und 72 Prozent.[1]

Der große Umschwung in der öffentlichen Meinung kam 2022, als Russland die gesamte Ukraine angriff und damit eine Energiekrise verursachte. Die Zustimmung zur Atomkraft stieg auf über 80 Prozent in 2023 (2024 wurden hierzu keine verlässlichen Daten erhoben). Trotz heimischer Kohlevorkommen war Polen auf Energiequellen aus Russland angewiesen – zwar nicht so stark wie Deutschland, aber die Preissteigerungen waren auch hier spürbar, ebenso wie die Angst vor Engpässen und Blackouts.

1 Centrum Badania Opinii Społecznych (CBOS): Stosunek do energetyki jądrowej [Die Einstellung zur Kernenergie]. In: KOMUNIKAT Z BADAŃ Nr. 69 (2021), https://www.cbos.pl/SPISKOM.POL/2021/K_069_21.PDF (12.11.2024).

Obwohl die Atomkraft die größte Zustimmung unter jungen (überwiegend männlichen) Erwachsenen zwischen 19 und 39 Jahren hat, stimmt ihr auch die ältere Generation zu, die nach Tschernobyl noch gegen Atomkraft in Polen protestiert hatte. »Die modernen Technologien sind nicht so unsicher wie der Reaktor in Tschernobyl. Wir wissen, dass sich Europa enorm erwärmt. Wir haben keine andere Wahl, um den Klimawandel zu stoppen, wir müssen unsere Wirtschaft auf erneuerbare Energien und Kernenergie umstellen«, sagte vor zwei Jahren in einer regionalen Zeitung Roman Nowosielski, der 1990 die Volksabstimmung gegen die AKWs mitorganisiert hatte.[2]

Obwohl die Regierung von Donald Tusk bereits 2009 die Rückkehr zu den Kernkraftplänen angekündigt hatte, wurden die Arbeiten erst viel später zum öffentlichen Thema. Es wurde der Bau von gleich zwei AKWs beschlossen. Eines in Lubiatowo-Kopalino an der Ostsee, circa 20 Kilometer von Żarnowiec entfernt, das andere in der Nähe von Konin, knapp 300 Kilometer von Frankfurt (Oder) entfernt. Zusammen sollen sie langfristig bis zu 9 Gigawatt produzieren. Zusätzlich plant Polen den Bau von circa 80 Kleinreaktoren (*small modular reactors*, SMR) mit jeweils 300 Megawatt Leistung. Sie sollen ein Drittel der zukünftigen Atomenergie liefern und lokal ganze Ortschaften oder Fabriken mit Strom und Wärme versorgen. Der erste SMR soll schon 2028 ans Netz gehen.

»Ich will sagen, wenn wir auf etwas bestehen – und wir bestehen darauf –, werden wir ein Kernkraftwerk bauen. Wir werden nicht nur vergeblich davon reden. Wir werden nicht vor den unterschiedlichen Ablenkungsmanövern in dieser Frage kapitulieren«, verkündete Donald Tusk als neuer Ministerpräsident. Nicht nur der Großteil der Bevölkerung stimmt den Atomplänen zu, sondern auch die aktuelle politische Opposition unterstützt sie. Keine der Parlamentsparteien schließt die Atomkraft aus, noch nicht einmal diejenigen, die – wie die rechtsorientierte Konfederacja oder die Partei Recht und Gerechtigkeit (Prawo i Sprawiedliwość, PiS) – zuvorderst auf Kohle setzen möchten, und auch nicht die Linke, die erneuerbare Energien favorisieren würde. Wenn Energiequellen schon sauber sein müssen, »dann ist die sauberste das Atom – denn in Polen gibt es weder Sonne noch Wind«, begründete Jarosław Kaczyński im Jahre 2022 die Unterstützung der PiS für die Atompolitik. »Und was die Gefahren betrifft, von denen manche sprechen, so sind diese beim heutigen Sicherheitsniveau der Technologie praktisch gleich Null«, fügte er hinzu. Bereits 2014 kündigte Kaczyński, damals noch in der Opposition, an, er würde das Wahlvolk für die Atomkraft mobilisieren. »In Frankreich gibt es nur Kernkraftwerke, und dort ist seit Jahrzehnten nichts Schlimmes passiert. Auch Polen muss moderne Technologien haben«[3], postulierte er damals.

2 Dorota Abramowicz: Atom a sprawa polska, czyli 33 lata dzielące nas od nienawiści do miłości [Atom und der Fall Polen oder 33 Jahre, die für uns Hass von Liebe trennen]. In: ZAWSZEPOMORZE.PL vom 20.11.2022, https://www.zawszepomorze.pl (12.11.2024).

3 Kaczyński o elektrowni jądrowej w Gąskach: to głupota [Kaczyński zum Atomkraftwerk in Gąski: Es ist eine Dummheit]. In: https://finanse.wp.pl, (13.11.2024).

Visualisierung des geplanten AKW in Lubiatowo-Kopalino an der polnischen Ostseeküste

Angst vor einer Katastrophe wie in Tschernobyl haben die Polinnen und Polen nicht mehr, sagt Adam Traczyk, Politologe und Meinungsforscher im Warschauer Thinktank »Moreincommon«. Das Netzwerk beobachte seit Jahren, wie sich die Betrachtung der Kernkraft in der polnischen Gesellschaft ändert. »Tschernobyl ist lange her. Dafür ist die Angst vor steigenden Energiekosten und schlechter Luft real«, so Traczyk.

Die Polinnen und Polen sehen Deutschlands Atomausstieg als einen großen Fehler, fügt er hinzu. »Sie halten die Deutschen für pragmatisch – und verstehen diesen Schritt nicht. Erst recht nicht, wenn sie hören, dass AKWs abgeschaltet werden, aber einige Kohlekraftwerke zurück ans Netz gehen.« Es gebe eine weitere Sache, die Einfluss auf eine positive Wahrnehmung hat – eine Art Nationalstolz – betont Traczyk. »Für Polen ist die Atomkraft ein Projekt, das dem Land mehr Souveränität und Stärke im Bereich Energie bringt.« Die frühere Regierung hatte sogar die Vision verbreitet, dass Polen auf diese Weise zu einem Exporteur von Energie werden würde.

Ob die Zustimmung langfristig halten wird? Immerhin handelt es sich nur noch um ein geplantes Kraftwerk. Bis es Realität wird, wird es noch eine Weile dauern. Als Ministerpräsident Donald Tusk vor 15 Jahren den Neustart des polnischen Kernenergieprogramms verkündete, hieß es noch, der erste Block würde bereits 2020 Strom liefern.

Zur Regierungszeit der PiS galt das Jahr 2033 als Datum der Inbetriebnahme, im Juli 2024 wurde diese Angabe auf 2039 aktualisiert. Das sind noch mindestens weitere 15 Jahre – möglicherweise aber noch mehr. Verzögerungen und Budgetüberschreitungen bei Kernkraftwerken sind nicht ungewöhnlich. Beim neuesten finnischen AKW Olkiluoto 3, das 2023 ans Netz ging, betrug die Verzögerung 14 Jahre. Bis 2039 oder sogar später kann sich sowohl die Situation in der Energiebranche ändern als auch die Zustimmung der Bürger:innen.

Der Anteil erneuerbarer Energien nimmt auch in Polen stetig zu. Derzeit machen sie 27 Prozent im Energiemix aus, bis 2040 soll es mehr als die Hälfte sein. Umfragen zeigen, dass sie bei den Bürger:innen noch beliebter sind als Atomkraft. Im Jahr 2022, unmittelbar nach dem russischen Einmarsch in die Ukraine, nannten 45 Prozent der Polinnen und Polen die Erneuerbaren als den Bereich des Energiesektors, der am stärksten ausgebaut werden sollte. Es folgte die Atomkraft mit 29 Prozent. Dies deutet wohl darauf hin, dass vielen Polinnen und Polen in der Kernenergie eine von Wetter und Jahreszeit unabhängige Alternative zu Kohle und Gas sehen. Man darf aber annehmen, dass, wenn genügend Energie aus erneuerbaren Quellen gewonnen und auch gespeichert werden könnte, dieser Sektor auf Kosten der Kernenergie gewinnen würde. Bis 2039 könnte diese Technologie so weit entwickelt sein, dass sie diese Erwartungen erfüllt und damit eines der Hauptargumente für die Kernenergie entfällt.

Die Menschen in Polen seien sich nicht bewusst, wie lange es dauert, ein AKW zu bauen, oder welche Probleme es mit sich bringe – etwa ein notwendiges Endlager –, und dass es am Ende viel teurer werde als geplant, behaupten die Gegner des Baus. Unter ihnen gibt es nicht nur hartnäckige Umweltschützer:innen, sondern auch Pragmatiker:innen wie etwa Monika Morawiecka, die das AKW als finanzielle Belastung für die polnische Wirtschaft sehen.

»Bis 2030 werden wir in Polen mindestens die Hälfte der Energie aus erneuerbaren Ressourcen gewinnen«, schätzt Monika Morawiecka, Energieexpertin bei der Organisation Regulatory Assistance Project in der Schweiz. »Ich glaube, wir brauchen dann keine Atomkraft. Die Atomkraft wird von Leuten gefördert, die nicht verstehen, wie das Energiesystem der Zukunft aussehen wird und wie es ohne Grundlasterzeugung funktionieren kann.«[4]

Unabhängig werde Polen durch die Kernenergie auf keinen Fall, betont Morawiecka, denn »Technologie und Brennstoff müssen ja importiert werden«. Bisher bezieht die EU Uran vor allem aus Russland und Kasachstan, was keine Stabilität garantiere. Das wissen die Bürger:innen kaum. Auch die SMR gehören immer noch nur zur Planung.

4 Chiara Holzhäuser: Ein ungelöstes Problem gefährdet Polens teure Atomkraft-Pläne. In: FOCUS online vom 24.08.2024, https://www.focus.de (04.11.2024).

»Kleinreaktoren könnten sehr nützlich sein, vorausgesetzt, sie werden gebaut und funktionieren. Es ist aber nicht so sicher, ob es klappt. Sie werden noch nirgendwo genutzt«, erklärt Morawiecka.

Die Gegner:innen der Kernenergie in Polen führen als ein weiteres Argument die Verwundbarkeit an: Die Befürworter:innen meinen, die Atomkraft biete Sicherheit angesichts der wachsenden Feindseligkeit Russlands. Doch eine Zerstörung des Kraftwerks würde abrupt die Energieversorgung eines großen Teils des Landes auf einmal lahmlegen.

»Die Regierung sollte (...) die Schlüsselfrage beantworten: Soll die polnische Wirtschaft 50 Jahre zurückgehen, zu den Ursprüngen der Kernenergie in der Welt, oder ist sie bereit, sich um einen zukunftsorientierten bürgerlichen Energiesektor zu bemühen, der auf erneuerbaren Energiequellen und einer Steigerung der Energieeffizienz beruht«, steht im Schreiben einer Initiative gegen den Bau von AKWs, das von 10.000 Bürger:innen, 11 Professoren, 5 ehemaligen Umweltministern und stellvertretenden Umweltministern sowie 21 NGOs unterzeichnet wurde. Es sind wesentlich weniger, als zur Zeit der Volksrepublik gegen das AKW in Żarnowiec in Pommern auf die Straße gingen.

In Lubiatowo wurden bereits 40 Hektar Wald abgeholzt, weitere 150 Hektar werden folgen. Insgesamt sollen 350 Hektar Wald gerodet werden, um Platz für kilometerlange Rohrleitungen zu schaffen. Durch sie soll das Kühlwasser für den Reaktor zum Kraftwerk und zurück ins Meer geleitet werden. Und dies ist einer der zentralen Punkte, die momentan für Unmut sorgen.

»Viele Menschen in der Gemeinde und in der Region sind sich nicht bewusst, wie stark dieses Kraftwerk in die Umwelt und die Landschaft eingreift (...), z. B. durch die reale Gefahr häufigerer Cyanobakterienblüten, und welche negativen Folgen es für die Fischerei hat, wenn das warme Kühlwasser des Kraftwerks in die Ostsee geleitet wird. Mit einer Kapazität von mehr als 3,7 Gigawatt wird das größte Atomkraftwerk an der Ostsee unsere friedliche ökologische, touristische und landwirtschaftliche Region während der Bauphase in einen industriellen Alptraum verwandeln«, sagt Hanna Trybusiewicz von Baltic SOS, die die Initiative gegen den Bau des AKWs in Lubiatowo-Kopalino mitorganisieren.[5]

Die Einwohnerschaft der Gemeinden rund um das geplante AKW an der Ostsee ist gespalten. Einige, die Agrotourismus betreiben oder hier ein Sommerhaus besitzen,

5 Rośnie opór wobec elektrowni jądrowych. 10 tys. podpisów przeciwko inwestycji na Pomorzu [Der Widerstand gegen Atomkraftwerke wächst. 10.000 Unterschriften gegen Investitionen in Pommern]. In: Odpowiedzialny Inwestor, https://odpowiedzialny-inwestor.pl (30.10.2024).

befürchten, dass die Attraktivität der Region verloren geht. Doch sie sind in der Minderheit. Umfragen von 2023 zeigen, dass fast 70 Prozent der Einwohner:innen das Atomkraftwerk befürworten. Eine Schnellstraße und ein Bahnanschluss sollen entstehen, Tausende von Arbeitsplätzen und ein enormer Geldzufluss werden versprochen. An Strom wird es nie fehlen. Und der Tourismus? Das Kraftwerk selbst, aber auch eine neue 300 Meter lange Mole und ein Jachthafen sollen weiterhin Tourist:innen anziehen. So will man es hier zumindest glauben.

Im Jahr 2024 ist das Thema aus den Schlagzeilen verschwunden. Der Besuch von Vertretern des japanischen Unternehmens, das die Reaktoren für das zweite AKW liefern soll, die weitere Entscheidungsfindung über den genauen Standort dieses AKWs sowie die Paraphierung der Verträge über die Kleinreaktoren, die im Herbst 2023 stattgefunden hat, sind fast unbemerkt über die Bühne gegangen. Anders als in den Vorjahren wird es auch keine Befragung geben. Das bedeutet keineswegs, dass die Pläne aufgegeben oder neu überdacht wurden. Das Thema Kernkraftwerke hat sich offensichtlich verselbstständigt und sorgt nicht mehr für große Diskussionen. Oder noch nicht.

AGNIESZKA HRECZUK studierte Internationale Beziehungen in Warschau, Helsinki und Stockholm. Sie arbeitet als freie Journalistin mit vielen Medien im deutschsprachigen Raum zusammen, u. a. mit RBB, TAZ, DRS (Radio Schweiz), TAGESSPIEGEL, BERLINER ZEITUNG sowie den polnischen Wochenmagazinen POLITYKA und PRZEGLĄD.

Ewelina Kochanek

Die polnische Wahrnehmung der deutschen Energiewende

Hinter dem Schlagwort »Energiewende« steht ein ehrgeiziger Ansatz zur Schaffung eines nachhaltigen und emissionsfreien Energiesystems. Deutschland verfolgt damit das Ziel, aus fossilen Brennstoffen und der Atomenergie auszusteigen, sie durch erneuerbare Energien zu ersetzen und die Energieeffizienz gleichzeitig zu steigern. Die ersten Schritte der Bundesregierung zur Umsetzung dieser Ziele ließen Deutschland in den frühen 1990er Jahren zu einem Pionier in der Energietransformation werden und lenkten das Augenmerk der Welt auf sich. Besondere Beachtung fand die Wirksamkeit juristischer Instrumente, etwa des Erneuerbare-Energien-Gesetzes (EEG), das einige der weltweit besten Investitionsbedingungen in dieser Branche schuf und Investoren die Abnahme des eingespeisten Stroms zu vorteilhaften Preisen sicherstellte. Die Tarife wurden für einen Zeitraum von 20 Jahren garantiert.[1] Darüber hinaus betrachtete die internationale Staatengemeinschaft aufmerksam die deutschen Emissionsgrade und ihre Vereinbarkeit mit dem europäischen Emissionshandelssystem sowie die Bemühungen der deutschen Diplomatie, die Politik der Energiewende auf der europäischen Ebene durchzusetzen.

Der Nachdruck, mit dem Deutschland auf den deutlichen Zusammenhang zwischen dem Energiesektor und den Problemen des Umweltschutzes hinwies, führte dazu, dass die Ziele im Bereich der Klimaneutralität ein untrennbares und in der letzten Zeit sogar vorrangiges Element der EU-Energiepolitik darstellen. Den deutschen Entscheidungsträgern lag vor allem viel daran, den Ausbau der erneuerbaren Energien in den EU-Mitgliedstaaten zu fördern, da dies ihnen die Durchführung der Energietransformation im eigenen Land erleichtern sollte. Der Ausbau der erneuerbaren Energien in Deutschland führte dazu, dass mit der Ausarbeitung einer neuen Konzeption der Industriepolitik begonnen wurde. Diese stützt sich auf die Annahme, dass eine Weltwirtschaft, die in immer größerem Ausmaß auf endlichen Vorkommen von fossilen Kohlenwasserstoffen gründet, gezwungen sein wird, neue, alternative Energiequellen

1 Gesetz für den Vorrang Erneuerbarer Energien (Erneuerbare-Energien-Gesetz, EEG) sowie zur Änderung des Energiewirtschaftsgesetzes und des Mineralölsteuergesetzes vom 31. März 2000, BGBl 2000, Nr. 13, S. 305–309.

Die Länder mit den höchsten Strompreisen 2024

Der Spitzenplatz im europäischen Vergleich der Strompreise geht 2024 an Deutschland, wo Verbraucher mit 39,5 Cent pro Kilowattstunde am meisten Geld für ihren Strom ausgeben mussten. Platz 2 und 3 im EU-Strompreis-Ranking gehen an Irland (37,4 ct) und Dänemark (37,1 ct). Tschechien (33,8 ct) und Belgien (33,5 ct) belegen Platz 4 und 5 der teuersten Stromländer Europas. Italien folgt auf Platz 6 mit 32,7 Cent pro Kilowattstunde.

Die deutschen Strompreise lagen 2024 circa 37 Prozent über dem europäischen Durchschnitt von 28,9 Cent. Strom war hierzulande fast doppelt so teuer wie in Polen (21,1 ct). Der europäischen Statistik zufolge zahlten Stromkunden in Deutschland auch 42 Prozent mehr als ihre Nachbarn in Frankreich (27,8 ct). In Österreich war der Strom mit 27,3 ct pro kWh 45 Prozent günstiger als in Deutschland. In Tschechien musste mit 33,8 ct knapp 17 Prozent weniger für Strom bezahlt werden.

Nach https://strom-report.com/strompreise-europa/

zu erschließen. Die deutsche Industrie, die an die Produktion von Anlagen zur Herstellung grüner Energie geknüpft ist, soll am globalen Trend der Ökologisierung der Wirtschaft verdienen. Diese Annahme der deutschen Politik vereinte Vertreterinnen und Vertreter aus Umweltschutz und Industrie. Neben der Bundesregierung haben auch die Energiekonzerne, die sogenannten Großen Vier (E.ON, RWE, EnBW und Vattenfall), die knapp 90 Prozent des deutschen Strommarktes kontrollieren, Einfluss auf die Ausgestaltung der deutschen Energiepolitik. Darüber hinaus entwickelten sich im Lauf des letzten Jahrzehnts Unternehmen aus dem Bereich der erneuerbaren Energien zu bedeutenden Akteuren. Die Energiewende spiegelt außerdem gesellschaftliche Werte wider, insbesondere die Nachfrage nach sauberen Energiequellen, die den Kurs der Politik hin zu einem beschleunigten Ausstieg aus der Kernenergie bedeutend beeinflussten.

Die energetische Transformation Deutschlands gab den Startschuss für die Veränderungen in der Energiepolitik der gesamten Europäischen Union. Unter dem Einfluss der deutschen Interessenvertretung in der EU wurde die Energiewende zur Basis des Europäischen Grünen Deals.[2] Die Wahrnehmung der energetischen Transformation durch

2 Der Europäische Grüne Deal ist eine Strategie, die im Dezember 2019 von der Europäischen Kommission angenommen wurde. Ziel ist das Erreichen der Klimaneutralität durch die EU bis zum Jahr 2050, d. h. einer Netto-Null-Emission von Treibhausgasen. Die Hauptziele dieser Strategie beinhalten ebenfalls den Schutz der Biodiversität, eine nachhaltige Wirtschaftsentwicklung, eine gerechte Transformation, eine nachhaltige Produktion sowie einen verantwortungsvollen Verbrauch.

die europäische Gemeinschaft entwickelt sich fortlaufend und fällt differenziert aus. Sie reicht von einer enthusiastischen Unterstützung für die energetischen Transformationsbemühungen Deutschlands bis zu einer Haltung, die den der deutschen Energiewende inneliegenden Zielen skeptisch gegenübersteht. Diese Diskrepanz geht aus einigen fundamentalen Fragen hervor, etwa in Bezug auf den Stellenwert der Kohle in der Energiebilanz, die Nutzung der Kernenergie im Energiesektor, den technologischen Fortschritt des Energiesektors oder die entsprechenden geografischen, geologischen und finanziellen Bedingungen zum Ausbau erneuerbarer Energien. Die vor diesem Hintergrund bestehende Spaltung der EU in zwei Gruppen von Ländern, nämlich den Befürwortern eines schnellen Ausstiegs aus fossilen Energieträgern sowie den Gegnern dieses Prozesses und der durch die EU-Kommission vorgelegten Terminplanung veränderte sich mit der Zeit. Alle Mitgliedstaaten nahmen die unerschütterliche Haltung der Kommission wahr und unternahmen trotz der Fülle an Herausforderungen, mit denen die EU in den letzten vier Jahren konfrontiert wurde (der COVID-19-Pandemie oder der Energiekrise, verursacht durch den Ukrainekrieg), Schritte mit dem Ziel, bis zur Mitte dieses Jahrhunderts klimaneutral zu werden.

Die Konsequenz Deutschlands in der Durchführung der Energiewende ist bewundernswert, da eine solche Entschlossenheit in der Verfolgung eines konkreten, aber in weiter Ferne liegenden Ziels im internationalen Vergleich eine Seltenheit darstellt. In Bezug auf Polen enden die Maßnahmen im Energiesektor des Landes für gewöhnlich mit der Übernahme der Schalthebel der Macht durch eine neue Koalition, die gerade den Wahlsieg errungen hat. Polen besitzt seit vielen Jahren keine durchdachte und inhaltlich gefestigte Energiestrategie, die eine auf Jahrzehnte gerichtete Perspektive einnimmt. Das wichtigste Dokument, die *Energiepolitik Polens bis zum Jahr 2040*, umfasst nur einen Teil des Prozesses und beinhaltet keine Vision eines zukünftigen Energiesystems. Aus diesem Grund wurden Maßnahmen der Netzbetreiber auf chaotische Art und Weise durchgeführt und orientierten sich an kurzfristigen Bedürfnissen. Internationale Geldgeber wiederum traten sehr reserviert auf, wenn es um Investitionen in Polen ging.

Wie man sieht, verändert die Energiewende die energetische Landschaft Deutschlands nachhaltig durch die Förderung erneuerbarer Energien, aus denen bereits 40 Prozent der Leistung im deutschen Stromnetz stammen. Gemäß den Annahmen des im Jahr 2023 geänderten Erneuerbare-Energien-Gesetzes sollen bis 2030 bis zu 80 Prozent des Stromverbrauchs aus erneuerbaren Energien kommen. Eine solche Annahme bedeutet die Verdopplung ihres Anteils am gesamten Stromverbrauch in Deutschland. Im Laufe des nächsten Jahrzehnts wird die Produktion grüner Energie von 240 auf 600 Terawattstunden ansteigen.[3]

3 https://www.bmwk.de/Redaktion/DE/Schlaglichter-der-Wirtschaftspolitik/2022/10/05-neuer-schwung-fuer-erneuerbare-energien.html

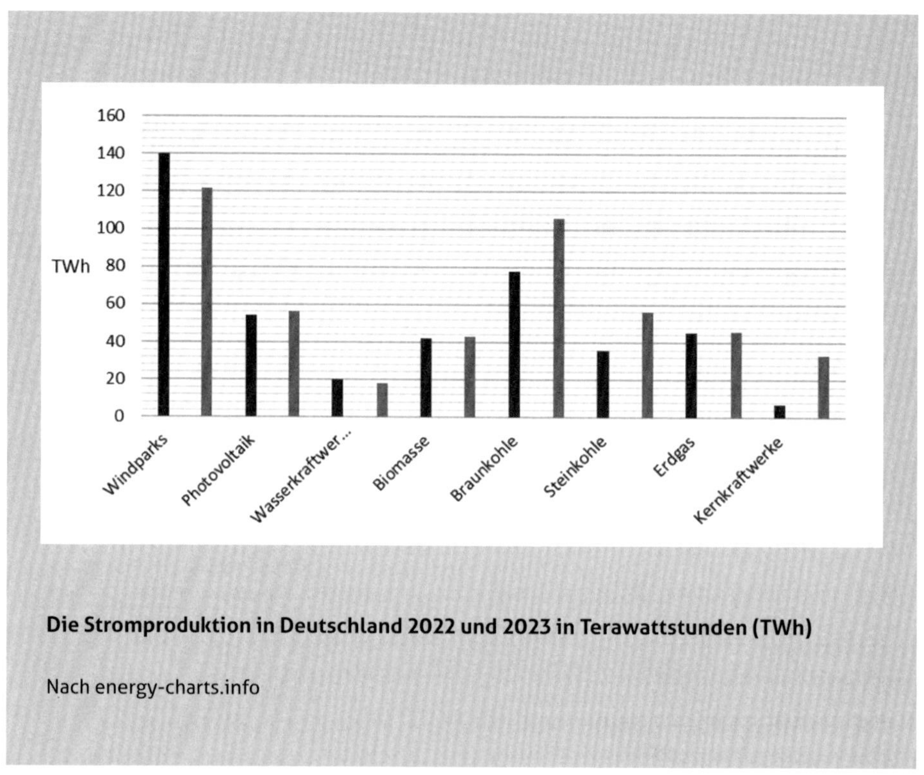

Die Stromproduktion in Deutschland 2022 und 2023 in Terawattstunden (TWh)

Nach energy-charts.info

Aus den in Diagramm 1 präsentierten Daten ist eine entschiedene Abkehr von der Kohle ersichtlich, sowohl von der Steinkohle (Rückgang um 34 Prozent) als auch von der Braunkohle (Rückgang um 27 Prozent). 90 Prozent der Gesellschaft befürworten die Transformation, was auf ein hohes ökologisches Bewusstsein hinweist sowie auf den Willen der Bürgerinnen und Bürger, die Kosten zu tragen und gleichzeitig die Anstrengungen des Staats für eine nachhaltige Entwicklung zu unterstützen. Es ist darauf hinzuweisen, dass der Sektor der erneuerbaren Energien über 340.000 Menschen beschäftigt und auf dem Weg ist, ein wichtiger deutscher Wirtschaftszweig zu werden.

Polen widersetzte sich viele Jahre lang der durch die EU forcierten Klima- und Energiepolitik. Noch vor einigen Jahren wollte die Regierung der Partei Recht und Gerechtigkeit (Prawo i Sprawiedliwość, PiS) das Kohlekraftwerk Ostrołęka im östlichen Teil des Lands bauen. Diese Pläne änderten sich jedoch nach der Annahme des europäischen Grünen Deals durch Polen. Die Veränderungen im deutschen Energiesektor wecken schon lange das Interesse der politischen Eliten, Wissenschaftlerinnen und Wissenschaftler wie auch der normalen Bürgerinnen und Bürger Polens. Die Polen vertreten unterschiedliche Standpunkte bezüglich der deutschen Energiewende. Auf der einen Seite wird die polnische Gesellschaft bewusster im Hinblick auf die klimatischen

Veränderungen und die Notwendigkeit der Transformation des Energiesektors. Auf der anderen Seite jedoch dominieren Befürchtungen in Verbindung mit den Kosten dieses Prozesses, für deren Aufkommen die polnische Gesellschaft sowohl in finanzieller als auch in mentaler Hinsicht immer noch nicht bereit ist. Die deutschen Erfolge im Bereich der Energieherstellung, der erzeugten Stromleistung sowie prototypischer Installationen, die grüne Energie produzieren, werden in manchen polnischen Massenmedien als Vorbild dargestellt, das es nachzuahmen gilt. Vor allem Umweltorganisationen sowie Aktivistinnen und Aktivisten präsentieren gerne die deutsche Energietransformation als ein Beispiel der erfolgreichen Integration »grüner Energie« in das Energiesystem bei gleichzeitiger Reduzierung der Treibhausgase.

Die polnische Gesellschaft ist seit vielen Jahren stark gespalten. Das Kriterium dieser Teilung ist die Sympathie mit einer politischen Partei, wobei auf der einen Seite der politischen Szene eine rechte Partei (PiS) und auf der anderen Seite eine Koalition aus Mitte-Rechts- und linken Parteien (PO, SLD, PSL und Polska 2050) auftreten. Die Polarisierung der politischen Ansichten beeinflusst die öffentlichen Debatten und die Meinungsbildung abhängig von der Sympathie mit einer bestimmten politischen Gruppe. Sie schlägt sich auch auf die Wahrnehmung ebenjenes Prozesses der energetischen Transformation nieder. Daher gibt es unter den Sympathisanten der Energietransformation Wählerinnen und Wähler der gegenwärtigen Regierungskoalition, während die meisten Skeptikerinnen und Skeptiker dieses Prozesses unter den Anhängern der PiS zu finden sind. Letzte Meinungsumfragen zum Thema, wie Polen mit dem Prozess der energetischen Transformation zurechtkommt, zeigten, dass positive Stimmen meistens aus dem wohlhabenden Teil der Gesellschaft kommen, während Menschen mit niedrigerem Einkommen diesem Prozess gegenüber weiterhin skeptisch eingestellt sind.

Der Verlust der Stabilität des Energiesystems weckt die größten Sorgen. In Polen stellen sowohl die Stein- als auch die Braunkohle ein wesentliches Element des Energiemixes dar, und viele Regionen sind stark von der Kohleindustrie abhängig. Auf der einen Seite muss Polen den Forderungen der EU und den Verpflichtungen zur Reduzierung der CO2-Emissionen nachkommen, auf der anderen Seite aber die Interessen der Kohleindustrie verteidigen. Die Abschaltung der Kohlekraftwerke in Polen ist daher ein sehr schwieriger und langwieriger Prozess, der mit vielen gesellschaftlichen, ökonomischen und technologischen Herausforderungen verbunden ist. In diesem Kontext erhält der deutsche Ausstieg aus der Kernenergie keine Würdigung in der polnischen Gesellschaft. Dieser Entschluss führte in Deutschland zu einem Anstieg der Emissionen auf 410 Gramm CO2 pro Kilowattstunde, wie aus den Berechnungen der Radiant Energy Group hervorgeht, da diese Energieherstellung von Gas- und Kohlekraftwerken übernommen wurde. In der von diesem beratenden Unternehmen zusammengestellten Übersicht zum Thema Emissionen ist Frankreich, das über die meisten Kernreaktoren in Europa verfügt, deutlich höher gelistet (43 Gramm CO2 pro Kilowattstunde).

Der Strom-Mix in Deutschland 2024

Anteil der Energieträger an der Stromerzeugung

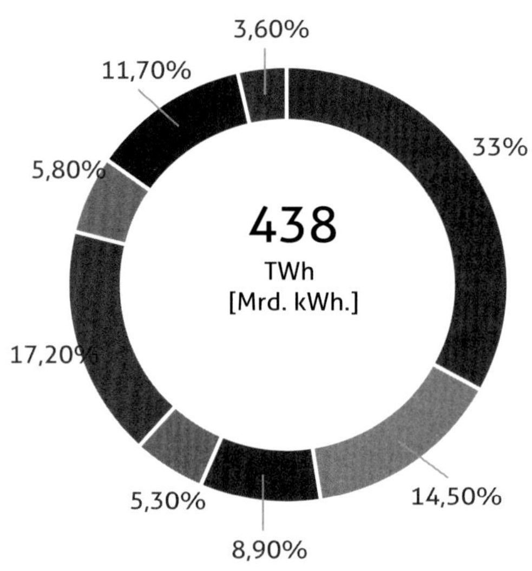

- Windenergie
- Photovoltaik
- Biomasse
- Wasserkraft
- Braunkohle
- Steinkohle
- Erdgas
- Sonstige

Quelle: Fraunhofer ISE 2024 https://strom-report.com/strommix

Polen hat bis heute kein Kernkraftwerk gebaut, das in Zeiten wachsenden Energiebedarfs die Energiesicherheit des Landes gewährleisten, eine stabile und zuverlässige Energiequelle darstellen und gleichzeitig die Dekarbonisierung des Energiesektors erleichtern würde. Gemäß den Plänen der ehemaligen sowie der aktuellen Regierung wird ein solches Kraftwerk mit einer Leistung von sechs Gigawatt im Laufe des nächsten Jahrzehnts an der polnischen Küste entstehen. Darüber hinaus soll das Energiesystem in Polen in den nächsten Jahren durch kleine modulare Reaktoren (*small modular reactors*, SMR), die eine Alternative zu großen Kernkraftwerken darstellen und die abgeschalteten Kohlekraftwerke schrittweise ersetzen sollen, Unterstützung bekommen. Die Unterstützung für den Bau eines Atomkraftwerks in Polen ist sehr hoch. 2020 befürworteten bis zu 62 Prozent der Polinnen und Polen diese Investition, drei Jahre später stieg der Anteil auf 90 Prozent an. Gleichzeitig würden fast 77 Prozent der Befragten den Bau eines Kraftwerks in der Nähe ihres Wohnorts gestatten.

Über viele Jahre hinweg wurde die deutsche Energiepolitik, die auf der Umstellung des Energiesystems hin zur Nullemission gründet, als ein Experiment gesehen, das nicht immer die erwarteten Ergebnisse erzielt. Viele Expert:innen warnten vor der Wiederholung der transformatorischen Maßnahmen Deutschlands, die durch die schnelle Entwicklung der erneuerbaren Energien zum Aufkommen von Lücken in der Anschlussleistung in den Stromnetzen beigetragen hätten. Diese Situation stand auch für Polen zu befürchten und führte zur Begrenzung der Entwicklung erneuerbarer Energien. Nach Angaben der Energieregulierungsbehörde (Urząd Regulacji Energetyki, URE) wurde im letzten Jahr Anlagen aus erneuerbaren Energien der Anschluss an das Verteilernetz untersagt, deren Leistung gebündelt 83,6 Gigawatt umfasst hätte. Seit vier Jahren nimmt die URE hierbei eine fallende Tendenz wahr, die Menge ist jedoch weiterhin zu groß. Leider wurde das gegenwärtige polnische Energienetz nicht mit dem Hintergedanken entworfen, erneuerbare Energien im großen Maßstab zu verwenden. Aus diesem Grund befindet es sich an der Grenze der Funktionsfähigkeit und ist nicht in der Lage, eine größere Anzahl an grünen Installationen ans Netz anzuschließen.[4]

Das am häufigsten kritisierte Element der Energiewende sind die hohen Kosten der Transformation, die nach den letzten Berechnungen des Ministeriums für Klima und Umwelt 800 Milliarden Zloty für den Zeitraum 2021–2030 betragen, im nächsten Jahrzehnt jedoch auf 2,9 Billionen Zloty anwachsen werden. Ein solcher Betrag lässt sich mit keinem in den letzten zwei Jahrzehnten verwirklichten Unterfangen vergleichen. Darüber hinaus beeinflussen die aufgeführten Kosten den Anstieg der Energiekosten. Polen befindet sich seit einigen Jahren unter den Ländern mit den höchsten Kosten für elektrische Energie, die gegenwärtig 82 € pro Megawattstunde betragen. In diesem Teil Europas zahlt kein Land derart viel für Energie (z. B. Deutschland – 68 €,

4 https://www.ure.gov.pl/pl/urzad/informacje-ogolne/aktualnosci/11948,Sprawozdanie-z--dzialalnosci-Prezesa-URE-w-2023-r-jak-realnie-wyglada-kwestia-odm.html (01.11.2024).

Was kostet in Deutschland aktuell eine Kilowattstunde Strom?

Wie teuer ist Strom aktuell in Deutschland? Was kann man mit einer Kilowattstunde Strom alles anfangen? Der Darmstädter Stromanbieter Entega fasst Informationen zusammen und nennt die Anwendungsbeispiele.

Was genau ist überhaupt eine Kilowattstunde?

Eine Kilowattstunde (kWh) ist eine Maßeinheit der Energie. Sie ist das Tausendfache einer Wattstunde (Wh) und gebräuchlich, um etwa Stromkosten oder Heizwärmekosten abzurechnen. Die Kilowattstunde wird mittels Stromzähler oder Wärmezähler erfasst. Die Kilowattstunde gibt jene Energiemenge wieder, die bei einer gleichbleibenden Leistung von einem Kilowatt während der Dauer von einer Stunde umgesetzt, also aufgenommen oder abgegeben wird.

Was kostet 1 kWh Strom in Deutschland?

Der Preis, der für eine Kilowattstunde Strom anfällt, ist von vielen Faktoren abhängig. Nur einige Beispiele:

- Bei welchem Stromanbieter hat man seinen Stromvertrag geschlossen?
- Nutzt man einen Grundversorgungstarif oder einen selbst gewählten Stromtarif?
- Handelt es sich um konventionell erzeugten Strom oder um günstigeren Ökostrom?

Laut des Bundesverbandes der Energie- und Wasserwirtschaft (BDEW) liegt der aktuelle Preis für 1 kWh Strom bei 42,22 Cent (Februar 2024). Dieser Wert gibt den Strompreis im Durchschnitt an, da sich die Preise regional und nach Verbrauchsmenge unterscheiden.

Wie setzt sich 1 kWh Strom preislich zusammen?

Der Preis für Strom setzt sich in der Regel aus einem festen Grundpreis und einem verbrauchsabhängigen Arbeitspreis zusammen. Während der Grundpreis immer gleich bleibt und einer Art monatlichen Grundgebühr gleicht, hängt der Arbeitspreis vom individuellen Stromverbrauch im Haushalt ab. In der kalten Jahreszeit mit elektronischer Heizung zu heizen, kann den Strompreis zusätzlich in die Höhe treiben.

Was bezahlt man mit dem Arbeitspreis?

Der Arbeitspreis ist der Strompreis, den man für den tatsächlichen Verbrauch bezahlt. Das ist wie beim Handy, wo man zum Beispiel „neun Cent pro Minute in alle deutschen Netze" zahlt. Nur dass es entsprechend zum Beispiel 42 Cent beim Strompreis/kWh sind, also pro Kilowattstunde. Vom Arbeitspreis werden Stromerzeugung und Transport des Stroms bis zur Steckdose bezahlt.

Was bezahlt man mit dem Grundpreis?

Der Grundpreis hingegen ist das, was beim Handytarif die monatliche Grundgebühr ist. Dabei handelt es sich um eine monatliche Pauschale, die vom Verbrauch unabhängig ist. Er deckt z. B. die Kosten für den Netzstellenbetrieb, für Verwaltungsaufwände sowie für Netzentgelte (Grundpreis und Messpreis) ab.

Welche Abgaben stecken in 1 kWh Strom?

Im Arbeitspreis sind Abgaben, Steuern und Umlagen (wie die EEG-Umlage) enthalten. So stellt der Energieversorger zwar die Stromrechnung aus und nimmt das Geld entgegen, doch muss er besagte Abgaben abführen: So erhält der Staat bei der Strompreis-Zusammensetzung über die Hälfte der Einnahmen – etwa 55 Prozent.
Weitere 25 Prozent gehen an den Netzbetreiber, der sich um die Netzinfrastruktur kümmert. Nur etwa 24 Prozent nimmt ein günstiger Stromanbieter selbst ein. Mit diesem Geld kümmert er sich um die Erzeugung und Bereitstellung des Stroms, aber auch um den Vertrieb und die notwendige Verwaltung.

Wenn sich der Strompreis erhöht, heißt das also nicht, dass der Stromlieferant mehr Geld verdienen will, sondern möglicherweise nur, dass sich die staatlichen Abgaben, Umlagen oder Steuern erhöht haben. Die sind natürlich für alle Stromanbieter gleich und weil der Staat sie festlegt, kann der Anbieter daran auch nichts ändern.

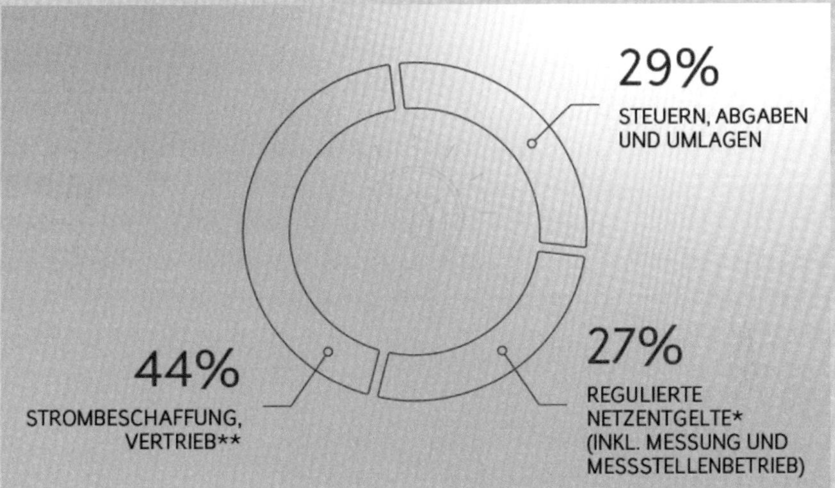

Die Abgaben im Einzelnen.

EEG-Umlage.

Das ist ein individueller Beitrag zur Förderung erneuerbarer Energien nach dem Erneuerbare-Energien-Gesetz (EEG). Damit fördert der Staat die Gewinnung von Energie aus nachhaltigen Quellen wie Windkraft, Wasserkraft oder Sonnenenergie. Seit 2022 ist die EEG-Umlage jedoch abgeschafft worden und somit Geschichte.

KWK-Umlage.

Mit der KWK-Umlage wird die Energieerzeugung durch Kraft-Wärme-Kopplung gefördert, zum Beispiel in einem Blockheizkraftwerk. Die Nutzung der Abwärme ist etwas kostenintensiver, aber klimafreundlich. Die Umlage lag 2024 bei 0,405 Cent/kWh.

Umlage nach § 19 der Stromnetzentgeltverordnung.

Unternehmen, die besonders viel Energie verbrauchen, könnten sich von Netznutzungsentgelten befreien lassen. Diese Befreiung wird anteilig kompensiert und von Privatkunden mit 0,643 Cent für jede Kilowattstunde bezahlt.

Offshore-Haftungsumlage.

Kann eine fertige Offshore-Windkraftanlage noch nicht ans Netz angeschlossen werden, hat der Betreiber einen wirtschaftlichen Schaden. Der wird durch die Offshore-Haftungsumlagen ausgeglichen. Diese macht 2025 0,816 Cent/kWh aus.

Stromsteuer.

Als echte Bundessteuer soll die Stromsteuer von 2,05 Cent/kWh seit dem Jahr 2003 allgemein zum Energiesparen anregen. Das Geld wird zur Entlastung der Sozialkassen eingesetzt, zum Beispiel bei den Rentenversicherungsbeiträgen.

Umsatzsteuer.

Auch Mehrwertsteuer genannt, wird die Umsatzsteuer auf den gesamten Rechnungsbetrag angerechnet, inklusive Kosten für den Verbrauch, Konzessionsabgabe, Netzentgelte. Sie hat einen Anteil von 19 Prozent.

Alle Angaben nach entega.de
Stand: Januar 2024

Tschechische Republik – 72 € pro Megawattstunde). Dieser Preis ergibt sich aus den hohen Emissionen der auf Kohle gestützten Stromerzeugung sowie aus der Belastung der Stromrechnung mit einer Reihe von zusätzlichen Gebühren, die mit dem Transformationsprozess verbunden sind. Die polnische Gesellschaft ist nicht willens, die Kosten dieses Prozesses auf sich zu nehmen. Wie aus Erhebungen hervorgeht, sind nur 30 Prozent aller Polinnen und Polen bereit, aus eigener Tasche in diese Transformation zu investieren. Der Rest möchte, dass der Staat und die EU für die Kosten des Systemwandels aufkommen. Leider ist aufgrund der hohen Inflation die Zahl der Polinnen und Polen, die vom Problem der Energiearmut betroffen sind, in letzter Zeit gestiegen und betrifft gegenwärtig etwa 10,8 Prozent aller Privathaushalte. Prognosen zeigen, dass sich diese Situation in den nächsten Jahren noch verschlechtern könnte und sogar 40 Prozent aller Bürgerinnen und Bürger Energiearmut ausgesetzt sein könnten, sollten die Energiepreise noch weiter steigen.

Der Übergang weg von Energiesystemen, die auf fossilen Brennstoffen basieren, hat enorme gesellschaftliche Konsequenzen. Dies zeigt sich besonders in Staaten wie Polen, die eine lange Geschichte der Energiegewinnung aus Kohle haben. Daher ist die Transformation des Kohlesektors mit erheblichen sozialen Fragen verbunden, da dieser Prozess Unruhe und Zorn unter den Bewohnerinnen und Bewohnern der Kohleregionen weckt. Die Förderung der Fortbildung und Umschulung von Beschäftigten in Richtung der neuen Technologien und Branchen wie etwa den erneuerbaren Energien ist ein Schlüsselpunkt für eine ausgeglichene Transformation. Polen kann sich die Erfahrungen, die Deutschland im Zuge der Abschaltung der Kohlekraftwerke und der Rekultivierung der ehemaligen Bergbaugebiete gemacht hat, wie auch die Methoden zur Lösung von Problemen im Zusammenhang mit der Aktivierung der Arbeiterinnen und Arbeiter des Kohlesektors und der mit der Kohle verbundenen Branchen zum Vorbild nehmen. Es lohnt sich hinzuzufügen, dass der Dekarbonisierungsprozess auf fast 30 Jahre ausgelegt wurde, es aber unumgänglich ist, ein klares Programm festzulegen, das den Beschäftigten im Bergbau und den mit ihm verbundenen Branchen eine transparente berufliche Perspektive zusichern muss. Aus der Perspektive des Schließungszeitplans der Bergwerke kann man davon ausgehen, dass der Großteil der Unterstützungsmechanismen auf dem Arbeitsmarkt auf Arbeiterinnen und Arbeiter bis zu einem Alter von 35 Jahren ausgerichtet ist. Die wichtigste Determinante für die Zahl der Arbeiterinnen und Arbeiter, die einen Standortwechsel, eine Umschulung oder einen früheren Renteneintritt benötigen, wird das künftige Tempo der Dekarbonisierung sein.

Wie sehr sich in der letzten Zeit die Haltung der regierenden Elite und der Gesellschaft zur energetischen Transformation geändert hat, bestätigt die Tatsache, dass 2024 das zweite Deutsch-Polnische Forum zur Energetischen Transformation organisiert wurde. Das Forum stellt ein Feld für das Netzwerken und den Ideenaustausch von Interessenten aus Politik, Wirtschaft und Gesellschaft dar, die sich im Bereich der energetischen Transformation in Deutschland und in Polen engagieren. Im Rahmen dieser Initiative wird u. a. ein Projekt zur Schaffung eines Energieclusters der beiden Städte Zgorzelec und Görlitz realisiert, in dem es um die grenzüberschreitende Verbindung der Fernwärmenetze geht. Das System liefert Bürgerinnen und Bürgern sowohl auf polnischer als auch auf deutscher Seite Wärmeenergie, die ausschließlich aus erneuerbaren Energien hergestellt wurde.

Im Rahmen von bewährten Praktiken nimmt sich Polen Länder wie Deutschland oder Dänemark zum Vorbild und hat mit dynamischen Vorbereitungen zur Entwicklung von Offshore-Investitionen in der Ostsee begonnen. Der erste Strom aus Windkraftwerken zur See soll im Jahr 2027 fließen. Polen soll schon im Jahr 2040 zur führenden Nation unter den Ostseestaaten im Bereich der installierten Leistung der Offshore-Windparks, die elf Gigawatt betragen soll, werden. Darüber hinaus steigert Polen konsequent den Anteil an Gebieten in der räumlichen Planung, die für Investitionen in erneuerbare Energien bestimmt sind. Jedoch stellt die Gewinnung der vollen gesellschaftlichen Akzeptanz weiterhin ein Hindernis dar. Der Lösung dieses Problems soll in Anlehnung an die Novellierung des deutschen Erneuerbare-Energien-Gesetzes der Einbezug der Gemeinden in die Entwicklung erneuerbarer Energien mit gleichzeitiger Beteiligung der Betreiber bereits bestehender Windkraftanlagen dienen. Diese Maßnahme soll eine Erhöhung der lokalen Akzeptanz gegenüber erneuerbaren Energien gewährleisten und wird vielleicht mit der Zeit auch in Polen Anwendung finden.

Es lässt sich abschließend sagen, dass Polen nach einem Jahrzehnt der Untätigkeit und der trügerischen Vision der Rettung des Kohlesektors nun beginnt, seinen Energiemix zu verändern. Die flächendeckende Nutzung erneuerbarer Energiequellen und Anwendung von Niedrigemissionstechnologien lässt optimistisch in Richtung einer nachhaltigen Zukunft blicken. Grüne Technologien beginnen auf dem Markt für Stromerzeugung deutlich zuzulegen.

Die deutsche Energiewende wird in Polen verschiedenartig aufgefasst. Viele Polinnen und Polen bewerten dieses Projekt positiv und sehen es als ein inspirierendes Beispiel der energetischen Transformation. Gleichzeitig fehlt es jedoch nicht an skeptischen Meinungen, die voller Angst um die energetische Stabilität und die Kosten dieses Prozesses sind. Heutzutage wägt die polnische Regierungselite, während sie auf die deutschen Erfahrungen blickt, mögliche Entwicklungsrichtungen für die eigene Energiepolitik ab, wobei sie versucht, ein Gleichgewicht zwischen den ökologischen und den sozialwirtschaftlichen Bedürfnissen zu finden. Angesichts der fortschreitenden energetischen Transformation in Europa wird ein Dialog zwischen Polen und seinen Nachbarn in dieser Frage immer wichtiger.

Die gegenwärtige Situation des deutschen Energiemix legt nahe, dass es Deutschland bis zum Jahr 2030 gelingen wird, einen Anteil der erneuerbaren Energien an

Europäischer Green Deal

Der Europäische Grüne Deal ist die Grundlage für den Wandel unserer Wirtschaft und Gesellschaft. Ein Wandel mit vielen Vorteilen im Gepäck: von neuen Möglichkeiten für Innovation, Investition und grünen Arbeitsplätzen bis hin zur Verbesserung unserer Gesundheit und unseres Wohlergehens.

Alle 27 EU-Mitgliedstaaten haben sich verpflichtet, die EU bis 2050 zum ersten klimaneutralen Kontinent zu machen. Hierzu vereinbarten sie, die Emissionen bis 2030 um mindestens 55 Prozent gegenüber dem Stand von 1990 zu senken.

Die EU hat jetzt rechtsverbindliche Klimaziele, die alle zentralen Wirtschaftszweige abdecken. Das Paket umfasst:

- Emissionsreduktionsziele für ein breites Spektrum von Sektoren
- ein Ziel zur Förderung natürlicher CO2-Senken
- ein aktualisiertes Emissionshandelssystem, damit Emissionen begrenzt, Umweltverschmutzung mit einem Preisschild versehen und Investitionen in den ökologischen Wandel mobilisiert werden
- soziale Unterstützung für Bürger:innen und kleine Unternehmen

Dank dieser Reform werden die Mitgliedstaaten nun ihre gesamten Einnahmen aus dem Emissionshandel für klima- und energiebezogene Projekte und die soziale Dimension des Übergangs ausgeben.

Im Rahmen des neuen Klima-Sozialfonds werden 65 Milliarden Euro aus dem EU-Haushalt und insgesamt mehr als 86 Milliarden Euro für die Unterstützung der finanziell schwächsten Bürger:innen und kleiner Unternehmen beim ökologischen Wandel bereitgestellt. So wird der Wandel durch die Bekämpfung von Ungleichheit und Energiearmut sowie die Stärkung der Wettbewerbsfähigkeit der europäischen Unternehmen Chancen für alle bieten und dabei niemanden zurücklassen.

Als weiteren Schritt auf dem Weg zur Klimaneutralität hat die Kommission im Februar 2024 ein neues Klimaziel der EU für 2040 ins Auge gefasst. Sie empfahl eine Verringerung der Netto-Treibhausgasemissionen um 90 Prozent im Vergleich zu 1990, was mit den jüngsten wissenschaftlichen Erkenntnissen und den EU-Verpflichtungen im Rahmen des Übereinkommens von Paris im Einklang steht.

Nach https://commission.europa.eu/strategy-and-policy/priorities-2019-2024/european-green-deal/delivering-european-green-deal_de

der Stromproduktion von 80 Prozent sowie einen hohen Dekarbonisierungsgrad des Energiesektors zu erreichen. Trotz Sparmaßnahmen wächst die Nachfrage nach Energie weiterhin, was Deutschland vor die nächste Herausforderung stellt, die mit der Steigerung der bisherigen Energiegewinnung auf 600 Terawattstunden verbunden ist. Dieser Punkt ist für Skeptiker der Transformation Grund zur Feststellung, dass das deutsche Experiment zum Scheitern verurteilt sei, da die Kosten stetig steigen und die unzureichende Entwicklung der erneuerbaren Energien, die nicht durch die neuen Gaskraftwerke ersetzt werde, den Abschaltungsprozess der Kohlekraftwerke verlängern kann.

Eine konsequente Realisierung der Energiewende durch die nächsten Regierungen in Deutschland sollte ein Vorbild für die polnische Politik darstellen. Die Aktualisierung des Strategiedokuments der polnischen Energiepolitik sollte den Einfluss neuer Energiequellen auf das gesamte polnische System der Stromerzeugung und die mit der Emissionsreduzierung verbundenen Fragen berücksichtigen. Sonst werden die Produktionskosten von Energie in Polen weiterhin die höchsten in Europa bleiben und sich die mit ihrer Akzeptanz verbundenen gesellschaftlichen Problem verlagern und verstärken. Jede Transformation bringt positive und negative Auswirkungen mit sich. Jedoch wird sich, so die Behauptung der gegenwärtigen polnischen Ministerin für Klima und Umwelt, das Fehlen jeglicher Maßnahmen in Richtung einer Systemwende als kostspieliger erweisen als die Durchführung ebendieser.

Aus dem Polnischen von David Swierzy

EWELINA KOCHANEK ist Dozentin am Institut für Politikwissenschaft und Sicherheitsstudien der Universität Stettin (Szczecin) mit dem Schwerpunkt Energiesicherheit und Energie-Geopolitik.

Michał Olszewski / Piotr Sergiej

Das Jevons-Paradoxon: Von der Vergeblichkeit des Energiesparens

In der zweiten Hälfte des 19. Jahrhunderts lief die industrielle Zivilisation bereits auf Hochtouren. Die Kohleförderung nahm zu, das Schienennetz wurde dichter, die Arbeiterklasse der Großstädte erstarkte, und über die Städte des wohlhabenden Nordens legte sich an kalten Tagen eine Wolke aus Kohlerauch. Am Horizont ließ sich bereits der Niedergang der auf Windkraft basierenden Handelsschifffahrt erahnen – an die Stelle der (zumindest aus der Ferne) eleganten Klipper traten unwiderruflich die Dampfschiffe, was für Joseph Conrad das symbolische Ende einer Epoche bedeutete, die es sich noch leisten konnte, romantisch zu sein.

Im Jahr 1865 erschien das Buch *The Coal Question*, dessen Tragweite damals noch nicht gebührend erkannt wurde. Und selbst wenn dies der Fall gewesen wäre, ist es zweifelhaft, ob es den Lauf der Ereignisse hätte ändern können. Autor des Buchs war der englische Ökonom William Stanley Jevons, Sohn eines wohlhabenden Industriellen. Jevons, der bei seinen Zeitgenossen als ebenso origineller wie exzentrischer Geist galt (so suchte er nach Zusammenhängen zwischen der wirtschaftlichen Entwicklung und der Sonnenaktivität), fand heraus, dass die Erfindung effizienterer Dampfmaschinen nicht zu einer Verringerung des Kohleverbrauchs in Großbritannien geführt hatte. Ganz im Gegenteil: James Watts neuer, sparsamerer Dampfmaschinentyp wurde so populär, dass es binnen kurzem zu einer erhöhten Nachfrage nach Kohle in den Bergwerken kam.

Dieser Zusammenhang war von fundamentaler Bedeutung für Überlegungen zur Wachstumswirtschaft oder überhaupt zu den Konsummechanismen und wurde fortan als das Jevons-Paradoxon bezeichnet. Der Autor selbst ertrank beim Baden im Meer und geriet für viele Jahrzehnte in Vergessenheit. Es waren dies Jahrzehnte einer steil ansteigenden Wachstumskurve, unterbrochen von kurzen Krisen und Kriegen. Jahrzehnte, in denen die Weltwirtschaft vom Stadium mythischer Segelschiffe – angetrieben und zugleich im Zaum gehalten durch jene Windkraft, die schon den Phöniziern den

Handel ermöglicht hatte – überging in die Ära des größten Containerschiffs der Welt, der chinesischen »MSC Tessa«, das 24.000 Container auf einmal transportieren kann.

Erst gute 100 Jahre später besann man sich in der Wirtschaftswissenschaft wieder auf Jevons. Unabhängig voneinander zeigten damals Daniel Khazoom und Leonard Brookes[1] auf, dass eine Senkung der Energieintensität von Haushalten und Unternehmen paradoxerweise einen Anstieg des gesamtwirtschaftlichen Energieverbrauchs zur Folge hat. Die Theorie führt zu dem Schluss, dass Energiesparmaßnahmen ihrem angestrebten Ziel zuwiderlaufen. Sie besitzt also, ähnlich wie die Thesen von Jevons, einen subversiven und zugleich pessimistischen Charakter. Und das in Zeiten, in denen von allen Seiten zum Sparen und zu ökologischem Handeln aufgerufen wird.

Woher rührt der subversive Charakter? Vor allem aus dem Gefühl, dass das Jevons-Paradoxon uns aus unserer Komfort- und Wohlfühlzone hinausstößt. Das Schicksal unseres Planeten liegt schließlich allen am Herzen, und alle wissen, dass die Zeichen der Zeit auf Sparsamkeit und einen umsichtigeren Umgang mit den natürlichen Ressourcen stehen. Zugleich konsumieren wir als Zivilisation immer mehr. Ein verringerter Verbrauch relativ billigen Kraftstoffs durch Autos führt dazu, dass das Eingesparte für andere Verbrauchsgüter Verwendung findet, was wiederum an anderer Stelle einen höheren Energieverbrauch bewirkt. Eine höhere Effizienz von Kraftwerken und damit eine Senkung des Strompreises ermöglicht es, mehr Lichtquellen zu installieren, was für die Kraftwerke wiederum einen erhöhten Leistungsbedarf bedeutet. Durch sinkende Heizkosten können wir es uns leisten, immer größere Häuser zu bauen. Die Beispiele ließen sich beliebig fortsetzen, der Mechanismus ist jedoch in jedem Fall derselbe: Eine weniger energieintensive Produktion bedeutet ein schnelleres Wirtschaftswachstum und damit einhergehend einen Anstieg des Energiebedarfs. Die Zahl von Hybridautos und Energiesparlampen, von stromsparenden Kühlschränken der Klasse A und von energieeffizienten Flugzeugen nimmt Jahr um Jahr zu. Untersuchungen des Energy Institute zufolge hat sich seit Mitte der 1960er Jahre, als die Diskussion über die globale Erwärmung und fossile Brennstoffe Fahrt aufnahm, der Gasverbrauch verfünffacht und der Verbrauch von Kohle und Öl verdreifacht. Im gleichen Zeitraum hat sich die Zahl der Menschen auf der Erde mehr als verdoppelt. Das bedeutet, dass der durchschnittliche Erdenbürger trotz der Effizienzsteigerung immer mehr Energie verbraucht.

***

Das Jevons-Paradoxon lässt sich wie in einem Spiegel in der Geschichte des Automobilwesens beobachten. Bis heute hat nur ein einziges Mal nicht das Streben nach mehr

1 Vgl. Tilman Santarius: Der Rebound-Effekt. Über die unerwünschten Folgen der erwünschten Energieeffizienz, Wuppertal 2012, https://epub.wupperinst.org/frontdoor/deliver/index/docId/4219/file/impw5.pdf (17.12.2024).

Sicherheit, sondern ein tatsächlicher Sparzwang zur Einführung eines Tempolimits bei Kraftfahrzeugen geführt. Die durch das OPEC-Embargo hervorgerufene Ölkrise, mit der sich die USA 1973 konfrontiert sahen, zwang Präsident Richard Nixon 1974 dazu, mit einem Bundesgesetz die Höchstgeschwindigkeit von Kraftfahrzeugen landesweit auf 90 Kilometer pro Stunde zu begrenzen. Diese auf breiten Protest stoßende Einschränkung ihrer geliebten Freiheit machte den Amerikanerinnen und Amerikanern die Abhängigkeit ihres Landes von ausländischen Ölquellen bewusst. Trotz einer 350-prozentigen Erhöhung der Kraftstoffpreise und einer Rationierung des Verkaufs konnte die Verknappung nicht gestoppt werden. Im Februar 1974 war in den USA an einem Fünftel der Tankstellen kein Benzin mehr zu bekommen. Für die im Überfluss lebenden und sich in Sicherheit wähnenden Amerikanerinnen und Amerikaner war das ein wahrer Schock.

Die achtzylindrigen Straßenkreuzer gerieten ins Hintertreffen. Kleinwagen aus Europa und Vierzylinder-Hondas und -Toyotas wurden populär und setzten sich in der Folge auf dem amerikanischen Markt durch. Es dauerte einige Zeit, ehe verdutzte Automobilriesen wie Ford, General Motors und Chrysler einen Teil ihrer Produktion auf sparsamere Modelle umstellten. Seitdem sind viele Jahre vergangen, und sowohl die Konsumenten als auch die Autohersteller verfallen erneut in dasselbe Verhaltensmuster. Steigende Benzinpreise haben immer eine größere Nachfrage nach sparsameren Autos zur Folge, aber sobald die Preise wieder sinken, kehrt die Situation zum Ausgangspunkt zurück.

Durch die hohe Mineralölsteuer in Europa konnten die dortigen Fahrzeuge in Größe und Hubraum nicht mit denen von jenseits des Atlantiks mithalten. 1957 kam der Fiat 500 auf den Markt, ein Zweizylinder-Kleinwagen mit 479 Kubikzentimeter Hubraum. Der luftgekühlte 13,5-PS-Motor verbrauchte etwa 7 Liter auf 100 Kilometer. Der Wagen war so populär, dass innerhalb von 20 Jahren fast vier Millionen verschiedene Varianten des Fahrzeugs vom Band liefen.

50 Jahre später lief im polnischen Tychy (Tichau) die Produktion des Fiat Nueva 500 an. Außer dem Namen und dem Rückgriff auf das Design des alten Modells ist praktisch nichts übriggeblieben. Die neue Variante des Fiat 500 ist in seiner bescheidensten Ausführung doppelt so schwer, hat einen Motor mit mehr als zweieinhalbmal so viel Hubraum und der fünffachen Leistung. Er erreicht 160 Kilometer pro Stunde im Vergleich zu den 85 Stundenkilometern seines Vorgängers und verbraucht unterm Strich im Schnitt 6,5 Liter auf 100 Kilometer. Jevons würde wahrscheinlich sagen, das sei der schlagende Beweis für die Gültigkeit seines Paradoxons.

Und er hätte recht: Ein halbes Jahrhundert technischer Entwicklung hat es möglich gemacht, aus 6,5 Liter Benzin eine Leistung herauszuholen, von der man früher nur träumen konnte. Aber zu welchem Preis? 500 Kilogramm mehr Stahl, Kunststoff und Gummi für großzügigere Abmessungen, eine Klimaanlage, einen Bordcomputer, Airbags

Energieverbrauch durch das Internet: Zahlen & Fakten

Sämtliche Netze wie Mobilfunkstationen und Internetrouter verbrauchen in Deutschland jährlich etwa 55 Terawattstunden Strom, also umgerechnet etwa eine Milliarde Kilowattstunden pro Jahr. Ein Drittel des Verbrauchs wird allein für die Kühlsysteme verwendet. Beim Streamen auf Video- oder Musikplattformen ist der Stromverbrauch des Internets besonders hoch: Allein die Menge an Daten, die auf Netflix und Co. anfallen, machen mehr als 50 Prozent des gesamten Datenvolumens aus. Experten zufolge verbraucht das Streaming weltweit jährlich mehr als 200 Milliarden Kilowattstunden Strom. Zum Vergleich: Der durchschnittliche Stromverbrauch eines deutschen Haushalts liegt bei etwa 2.500 Kilowattstunden Strom pro Jahr. Und auch die Kryptowährung Bitcoin hinterlässt einen riesengroßen CO2-Fußabdruck: Der Stromverbrauch von Bitcoin liegt pro Jahr bei etwa 46 Terawattstunden Strom. Der Energieverbrauch kommt unter anderem durch Rechenoperationen, Kühlungen und Transformatoren großer Rechenanlagen zustande.

Wer eine Suchanfrage auf Google stellt, hat pro Suchanfrage einen Verbrauch von 0,3 Wattstunden. Der Stromverbrauch einer einzigen Suchanfrage entsteht an drei verschiedenen Stellen:

- Der Stromverbrauch des internetfähigen Endgeräts.
- Der Stromverbrauch der Netze wie Mobilfunkstation und Internetrouter.
- Der Stromverbrauch der Rechenzentren- und Datenzentren mit ihren Servern und Kühlsystemen, die wiederum aus Klimaanlagen, Ventilatoren und Rückkühlungen bestehen.

Nach www.verivox.de/strom/ratgeber/wie-faellt-der-stromverbrauch-durch-das-internet-aus-1118069/

und unzählige weitere Annehmlichkeiten, an die wir uns so sehr gewöhnt haben. Der effizientere Antrieb schlägt sich nicht eindeutig in einem geringeren Kraftstoffverbrauch nieder, sondern hat zu einer höheren Masse, Motorleistung und Höchstgeschwindigkeit des Fahrzeugs geführt. Die potentiellen Einsparungen werden durch unser Komfort-Streben wieder aufgezehrt.

Die von Jevons erahnte, bittere Wahrheit lautet wie folgt: Niemand wird seinen Verbrauch freiwillig reduzieren, wenn er nicht dazu gezwungen wird. Zum Beispiel durch eine erneute Ölkrise.

***

Vielleicht ist ja dieser Pessimismus übertrieben? Erstens: Der ständigen, beharrlichen Arbeit von Erfindern, Ingenieuren und Konstrukteuren ist es zu verdanken, dass

wir Strom aus der Steckdose und Benzin im Tank haben. Dank der ständig verbesserten Energiebilanz und Effizienz der Technik gibt es (noch) genügend Ressourcen für alle. Egal, ob du zu den Reichen gehörst oder betteln gehst, es ist durchaus möglich, dass du eines der 1,2 Milliarden im Jahr 2022 verkauften Smartphones in der Hosentasche trägst. Dank der Energieeffizienz fließt der Strom in Palästen und Armenvierteln gleichermaßen.

Zudem gibt es Länder, die gigantische (ich schreibe das ganz ohne Ironie) Anstrengungen unternehmen, um den Energieverbrauch zu senken. Deutschland ist ein Beispiel dafür. Der Energieverbrauch in Deutschland ist rückläufig, wie Berichte deutlich zeigen. Die Arbeitsgemeinschaft Energiebilanzen e. V. (AGEB) hat errechnet, dass der Energieverbrauch in Deutschland im Jahre 2023 um 7,9 Prozent gesunken ist – verglichen mit 2022. Das bedeutet, dass der Verbrauch von Primärenergie (d. h. direkt aus natürlichen Ressourcen gewonnen: Gas, Kohle, Wind, Sonne) am Rhein um mehr als

ein Viertel niedriger liegt als 1990. Diese Zahlen hören sich prächtig an, nur zeigen sie laut AGEB den Effekt eines Produktionsrückgangs und sagen nicht viel aus über bewusstes, von der Verantwortung für die Umwelt geleitetes Sparen. Die energieintensiven Branchen in Deutschland produzieren nicht deshalb weniger, weil sie sich zum Ziel gesetzt haben, die Produktion herunterzufahren, sondern weil sie mit den hohen Energiepreisen nicht zurechtkommen.

Dogmatisch betrachtet, kann man sich eigentlich nur freuen. Ob die Einsparungen auf den einen oder den anderen Faktor zurückzuführen sind, ist unerheblich: Es zählt der Effekt, und der ist messbar. Die deutsche Wirtschaft hat 2023 weniger Energie verbraucht, was bedeutet, dass ihr CO2-Fußabdruck etwas kleiner geworden ist. Zugleich war das Jahr 2023 global betrachtet ein Rekordjahr für den Kohleverbrauch. Nach Angaben der Internationalen Energieagentur ist die Nachfrage nach Kohle nach wie vor sehr hoch, und nichts deutet darauf hin, dass sich daran in den kommenden Jahren etwas ändern wird. Während sich Europa und die USA von der Kohle abwenden, verbrauchten allein die Chinesen 220 Millionen Tonnen mehr davon als noch 2022. Auch die Volkswirtschaften Indiens und Indonesiens verzeichneten hier deutliche Zuwächse. Dank der Kohle produzierten China und Indien Stahl und Zement, deren Herstellung in der Europäischen Union zunehmend unrentabel wird.

Ein Teil dieser produzierten Güter ging dann nach Europa. Und das ist der überraschende Preis des Kampfes um saubere Energie und die Senkung des Energieverbrauchs: Die Industrien, die ohne massiven Einsatz von Roh- und Brennstoffen nicht funktionsfähig sind, gibt es weiterhin, nur dass sie hinter dem Horizont liegen, was bedeutet, dass das Jevons-Paradoxon auch eine geografische Dimension besitzt.

***

Ich beschäftige mich seit fast 20 Jahren mit Ökologie und Umweltschutz. In dieser Zeit hat sich in Polen und auf der ganzen Welt ein grundlegender Wandel vollzogen: Von einem Nischenbereich, der Expert:innen und Radikalen vorbehalten war, die zur Selbstbeschränkung aufriefen, sind grüne Themen zu einem zentralen Thema geworden, zu einem Thema, das hilft, Wahlen zu gewinnen (oder eigentlich häufiger zu verlieren), zu einem Thema, das auch beim sonntäglichen Mittagessen präsent ist.

Je länger ich jedoch die Diskussionen zu Umweltfragen verfolge, desto häufiger habe ich den Eindruck, dass bestimmte Schlüsselthemen verbreitet mit Schweigen bedacht werden. Natürlich ist es einfach, die Menschen dazu anzuhalten, im Wald weggeworfenes Papier aufzusammeln und Bäume zu pflanzen. Diese lobenswerten Aktivitäten erfordern indes – seien wir ganz ehrlich – keine große Anstrengung von uns, dafür aber eignen sie sich hervorragend zur Verbesserung unseres Selbstwertgefühls. Komplizierter wird die Sache, wenn es um schwierigere Entscheidungen geht. Reisen, Heizen, Essen – über all dem schwebt der Geist von Jevons. Wir ernähren uns ökologisch, kaufen energieeffiziente Autos und Energiesparlampen und versuchen, unseren eigenen negativen Einfluss auf den Planeten zu verringern, aber gleichzeitig verbrauchen wir immer mehr Energie. Die vorliegenden Daten sind unmissverständlich. Wie ist das möglich, wo wir uns doch alle Sorgen um die Zukunft unseres Planeten machen?

Erstens: Die demografische Entwicklung ist unerbittlich. Wir können benzinsparende Autos fahren, unsere Lebensmittel in Kühlschränken mit besseren Parametern aufbewahren und effizientere Gasthermen in unseren Häusern installieren. Nur ist es so, dass die Zahl der Menschen, die in der Garage ein Auto, in der Küche einen Kühlschrank und im Badezimmer eine beliebige Quelle zur Warmwasserbereitung haben wollen, in den letzten Jahrzehnten in geradezu unvorstellbarer Weise gestiegen ist. Es ist also nicht allein getan mit dem Jevons-Paradoxon – unabdingbar sind ein paar Überlegungen zur sozialen Gerechtigkeit: Unser Planet kann sich zweifellos keine globale Mittelschicht leisten. Die Mittelschicht ist in ihrer Masse energieintensiv und pflegt eine Reihe kostspieliger Gewohnheiten, die mit einem schonenden Umgang mit Energie nichts gemein haben: großzügige Einfamilienhäuser in den Vorstädten, möglichst zwei Autos davor, Urlaub in wärmeren Gefilden, Skifahren, Mobilität. Zugleich ist eine Welt schwer vorstellbar, in der wir im Namen einer höheren Notwendigkeit das Reisen oder den Kauf von Autos verbieten würden. Mit anderen Worten: Eine Welt wahrer Energieeinsparung wird eine Welt der Entbehrungen sein. Und auf etwas verzichten will niemand. Allein in Indien werden zuletzt rund 400.000 Autos pro Monat gekauft.

Zweitens: Das Jevons-Paradoxon ist eine treffende Beschreibung für eine Wachstumswirtschaft, die weltweit immer noch im Trend ist. Die Ökonomie ist sich durchaus im Klaren darüber, dass das Kriterium des Bruttoinlandsproduktes in die Irre führt, da es viele Faktoren unberücksichtigt lässt, wie zum Beispiel die Umweltzerstörung. Dennoch dominiert das seit Anbeginn des Industriezeitalters, vielleicht sogar seit den Anfängen der Zivilisation, bekannte Grundmuster: Produktionswachstum, Rentabilitätssteigerung, Gewinnmaximierung, Kolonialisierung. Jene oben beschriebene Wachstumskurve des Verbrauchs fossiler Brennstoffe ist somit logische Konsequenz der vorherrschenden wirtschaftlichen Denkweise. Sparmaßnahmen entpuppen sich als Täuschung, denn sie erhöhen die Verfügbarkeit eines Guts und lassen den Verbrauch von Rohstoffen und fossilen Brennstoffen in die Höhe schießen.

Eigentlich ist doch nach jahrelangen Diskussionen, Studien und umfassenden Berichten alles klar. Der weltweite Energieverbrauch könnte sehr schnell und wirksam gesenkt werden. Nehmen wir zum Beispiel den Reisemarkt, der sich binnen weniger Jahrzehnte von einem elitären zu einem egalitären Markt entwickelt hat und dessen Auswirkungen auf den Energieverbrauch klar zu beziffern sind. Experten zufolge ist der Tourismus für rund acht Prozent der weltweiten CO2-Emissionen verantwortlich. Nichts wäre also einfacher als der Verzicht auf die Urlaubsreise nach Barcelona, auf Billigflieger, Reisen ans andere Ende der Welt und Kreuzfahrtschiffe. Es reicht der erstbeste CO2-Rechner: Ein Flug nach Barcelona für eine Person in der Business Class bedeutet einen CO2-Ausstoß von etwa 1.300 Kilogramm pro Passagier. In der Economy Class sind die Emissionen pro Person etwa 300 Kilogramm geringer. Eine vierköpfige Familie, die mit dem Auto von Barcelona nach Warschau fährt, verursacht circa 120 Kilogramm CO2-Emissionen pro Person. Mit dem Reisebus sind es schließlich 48 Kilogramm pro Kopf.

Sind wir bereit, unseren Urlaub so zu verbringen wie unsere Eltern oder Großeltern, außerhalb der Stadt, in einem Schrebergarten, in einem bescheidenen Bungalow oder in einem Zelt an einem See in der Nähe? Oder anders gefragt: Werden wir im Namen der Verantwortung für das diffuse und ungewisse Schicksal künftiger Generationen

lieber mit dem Bus als mit dem Flugzeug reisen? Die Antwort darauf erscheint mir einfach: Nein.

Daher muss das Jevons-Paradoxon nach anderthalb Jahrhunderten modifiziert werden. Es geht nicht einfach nur um die Energiebilanz, sondern auch um die Kluft zwischen unserem Bewusstsein und den Entscheidungen, die wir treffen. Obgleich wir wissen, dass es besser wäre, öffentliche Verkehrsmittel statt des Autos zu nutzen, entscheiden wir uns dennoch für das Auto. Wir wissen, dass es sich rechnen würde, Erholung an einem nahegelegenen See zu suchen, aber wir entscheiden uns für einen anderen Teil Europas. Und so weiter. Der Unterschied zwischen dem Deklarierten und der tatsächlichen Entscheidung hat nur scheinbar nichts mit der Wirtschaft zu tun. Scheinbar, denn die Entscheidung zwischen einem Urlaub auf Teneriffa und einem Kleingarten oder einem Flüsschen am Stadtrand bringt zugleich wirtschaftliche und ethische Konsequenzen mit sich. Zu denen wir noch nicht bereit sind, wenn man sich die Ausmaße des Tourismus anschaut. Und ich bin mir nicht sicher, ob wir es jemals sein werden.

***

Im Frühjahr 2023 gab die Internationale Energieagentur (IEA) bekannt, dass der weltweite Strombedarf noch mindestens bis zum Jahr 2026 weiter steigen werde. Experten zufolge wird das mittlere zu erwartende Wachstum bei circa 3,4 Prozent liegen. Die wirtschaftlichen Aussichten gelten als gut, was den Strombedarf weiter ankurbelt. 85 Prozent des Bedarfs entfallen laut IEA in den kommenden Jahren auf die Volkswirtschaften von Schwellenländern wie z. B. China.

Zugleich muss ich an eine Studie denken, die schon einige Jahre zurückliegt. Die Shelton Group – ein US-amerikanisches Unternehmen, das den Markt und die Einstellung der Verbraucher zur Nachhaltigkeit erforscht –, untersuchte damals, wie es in einer Gesellschaft mit einer der höchsten Energieverbrauchsraten um das Energiesparen bestellt ist. 57 Prozent der Einwohner hatten zu Hause Glühbirnen durch Energiesparlampen ersetzt und Geräte der höchsten Energieeffizienzklasse angeschafft, und mehr als die Hälfte der Befragten hatte ihre Häuser entsprechend saniert, um Energieverluste zu verringern. 53 Prozent der Amerikaner waren folglich der Meinung, dass sie weniger Energie verbraucht hätten als noch fünf Jahre zuvor. Die Schätzungen des Energieministeriums zeichneten jedoch ein völlig anderes Bild: In den zehn Jahren vor der Umfrage war der Energieverbrauch um zehn Prozent gestiegen, und für die nächsten zehn Jahre wurden weitere 18 Prozent prognostiziert.

Hat uns diese Gegenüberstellung etwas zu sagen? Hat sie: Tatsachen folgen nicht unbedingt demselben Weg wie unsere Selbstzufriedenheit. Der exzentrische Jevons hat sich nicht mit Verbraucherpsychologie befasst, mir aber sei folgende Spekulation gestattet: Je heißer es wird, je größer die Hitzewellen werden, je dringender die Notwendigkeit zu sparen – desto mehr voranschreiten wird der Prozess der Verdrängung einer schmerzhaften und unbequemen Wahrheit: Die Menschheit benötigt zum effizienten Wirtschaften immer mehr Energie, und nur ein Katastrophenszenario wird imstande sein, diesen Bedarf zu ändern. Wer erinnert sich noch an den aufsehenerregenden französischen Film *La Haine* (Hass)? Zu Beginn hört man darin eine Stimme aus dem Off. Erzählt wird die Geschichte eines Mannes, der von einem Hochhaus stürzt. Während er in die Tiefe rast, wiederholt er immer wieder: »Bisher lief's noch ganz gut, bisher lief's noch ganz gut ... «. Aber – so hören wir die Stimme weiter – wichtig ist nicht der Fall, sondern die Landung. Und dieser Moment steht uns noch bevor.

Ich möchte allzu pessimistische Schlussfolgerungen vermeiden, die sich bei einer flüchtigen Betrachtung des Jevons-Paradoxons aufdrängen. Aus der Beobachtung, dass wir umso mehr Energie verbrauchen, je mehr wir versuchen, den Energieverbrauch zu senken, könnte man nämlich schließen, dass wir nichts tun sollten. Das ist jedoch ein Irrtum. Jevons weist lediglich darauf hin, dass ein eng gefasstes Denken über Energieeffizienz nicht ausreicht, wenn ihm nicht tiefergehende Veränderungen folgen. Mit anderen Worten: Um mit Stolz die grüne Flagge an einem Haus zu hissen, reicht es nicht aus, das alte Auto durch ein neues mit geringerem Spritverbrauch zu ersetzen. Dies ist eine zunehmend offensichtliche, brutale Wahrheit – und es ist an der Zeit, sie auszusprechen.

Aus dem Polnischen von Gero Lietz

MICHAŁ OLSZEWSKI ist Journalist, Schriftsteller und Publizist. Chefredakteur der Krakauer Ausgabe der GAZETA WYBORCZA. Er veröffentlichte eine Reihe von Prosawerken und Reportagen und erhielt 2015 den Ryszard-Kapuściński-Preis für sein Buch *Najlepsze buty na świecie* [Die besten Schuhe der Welt].

PIOTR SERGEJ ist studierter Bauingenieur. Er arbeitete als Computergrafiker, Journalist und Redakteur für Umweltthemen, u. a. für GAZETA WYBORCZA und TYGODNIK POWSZECHNY. Pressesprecher der NGO Polski Alarm Smogowy (Polnischer Smog-Alarm).

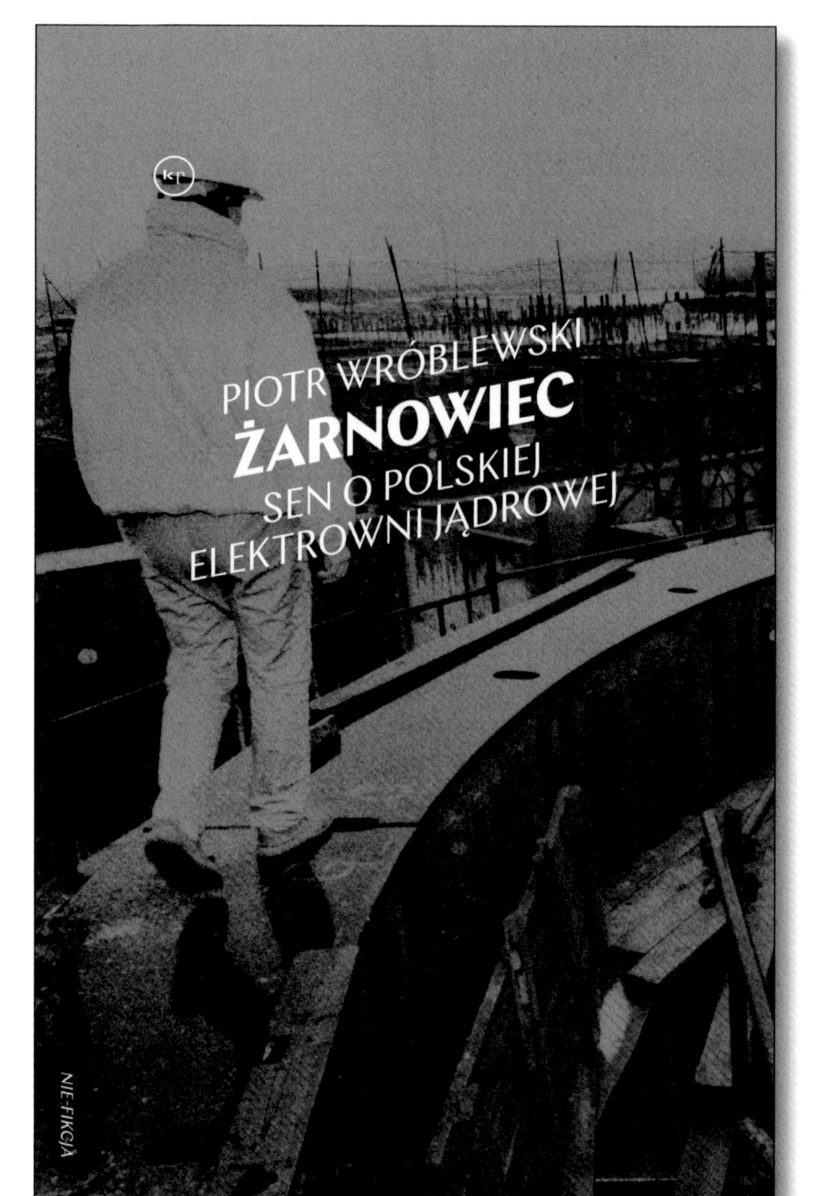
kr
PIOTR WRÓBLEWSKI
ŻARNOWIEC
SEN O POLSKIEJ
ELEKTROWNI JĄDROWEJ
NIE-FIKCJA

Piotr Wróblewski

Żarnowiec. Der Traum von einem polnischen Atomkraftwerk

ATOMARE REVOLUTION

Dmitri Iwanowitsch Blochinzew platzte vor Stolz. In Obninsk, etwa 100 Kilometer westlich von Moskau, war soeben der letzte, 61. Brennstab in den Reaktor AM-1 eingesetzt worden. Der knapp 50-jährige, glatzköpfige Mann blickte auf seine Uhr. Es war kurz vor 19:40 Uhr im Mai 1954. Das erste Kernkraftwerk der Welt mit einer Netzleistung von fünf Megawatt war betriebsbereit. Blochinzew zündete sich vor Freude eine Zigarette an.

Der Reaktor wurde in Betrieb genommen. Das angereicherte Uran in den in Wasser getauchten Brennstäben begann, sich unter dem Einfluss von Neutronen zu spalten, wodurch eine Kettenreaktion ausgelöst und Energie freigesetzt wurde. Um zu verhindern, dass dieser Prozess zu schnell abläuft – was zu einer Explosion geführt hätte –, musste ein Moderator verwendet werden, eine Substanz, die die Bewegung der Neutronen verlangsamt. In diesem Fall handelte es sich um Graphit. Damit konnten die Wissenschaftler die Kettenreaktion der Uranspaltung kontrollieren und aufrechterhalten. Das sich im zweiten Kreislauf befindliche Wasser, das durch die schnelle Bewegung der Atome erhitzt wurde, begann zu verdampfen und durch Rohre in die Turbine zu entweichen.

Zu Beginn war der Druck jedoch noch zu gering, um die Turbinenschaufeln vorwärts zu drücken. Die russischen Wissenschaftler blieben einen Moment stehen und bewunderten den Dampf, der aus dem Ventil strömte.

»Die weiße Wolke aus ganz normalem Dampf, die immer noch nicht heiß genug war, um die Turbine zu drehen, erschien uns wie ein Wunder: Schließlich war dies der erste Dampf, der aus Atomenergie gewonnen wurde. Sein Aufkommen war Anlass für Umarmungen, Glückwünsche und sogar Freudentränen«, beschreibt Blochinzew den Moment.

Ende Juni erreichte der Dampf – nach mehreren weiteren Tests – endlich eine Temperatur von 260 Grad Celsius. Das Ventil wurde geöffnet. Der Dampf bewegte die

Turbinenschaufeln und setzte damit mechanische Energie frei, die im Generator in Strom umgewandelt wurde.

Elektrizität floss. In Obninsk sprangen die Menschen vor Freude in die Luft. Es war ein schöner Moment.

Es dauerte nicht lange, bis die ganze Welt von der Anlage erfuhr. Ein Korrespondent des britischen Daily Worker schrieb sogar, dass es sich um ein Ereignis handele, das wichtiger sei als der Abwurf der Atombombe auf Hiroshima.

Der Atomstrom versorgte das nahe gelegene Institut für Atomenergie und die umliegenden Bauernhöfe. Der Osten überflügelte in diesem Bereich den Westen, obwohl die britische und amerikanische Presse in ihren Berichten über das Obninsker Kraftwerk darauf hinwies, dass sich ähnliche Anlagen in ihren Ländern bereits in der Fertigstellungsphase befanden.

Der Name des AM-1-Reaktors, abgeleitet von *atom mirnyj*, was so viel wie »friedliches Atom« bedeutet, läutete eine neue Ära der Entwicklung ein.

Man sollte jedoch bedenken, dass der Reaktor zwar mehr als 2000 Haushalte mit Strom versorgen konnte, dies aber nicht sein eigentlicher Hauptzweck war.

»Friedliches Atom? Von wegen. AM-1 heißt Marine-Atom«, meinten Kraftwerksarbeiter unter sich. Dies war die Kehrseite der Medaille. Die Sowjetunion begann – denn es handelte sich um die Zeit des Kalten Kriegs –, das Atom für militärische Zwecke zu nutzen. Es ging nicht mehr um Waffen, diese waren nämlich längst fertig, sondern um Kernreaktoren, deren Kraft als Antrieb für U-Boote und Überwasserschiffe, darunter der berühmte Eisbrecher »Lenin«, oder für Raumfahrzeuge dienen sollte. In Obninsk wurden Bediener von Schiffen mit Atomantrieb ausgebildet, daher die Bezeichnung »Marine-Atom«.

ATOMS FOR PEACE

Es war 1955, ein warmer Julitag. Ein zufriedener Nikita Chruschtschow schlenderte durch sein Hotelzimmer in dem wie immer gastfreundlichen Genf. Zum ersten Mal seit dem Ende des Zweiten Weltkriegs war es gelungen, die Vertreter der »Großen Vier« zusammenzubringen: Dwight David Eisenhower – Präsident der Vereinigten Staaten, Anthony Eden – ehrgeiziger Premierminister von Großbritannien, Edgar Faure – Regierungschef von Frankreich, und Nikolai Bulganin – Premierminister der UdSSR, doch der wesentliche Gesprächspartner der drei anderen war natürlich Chruschtschow – damals Erster Sekretär des Zentralkomitees der KPdSU.

Eines der Themen, die damals diskutiert wurden, war das Atom. Die Staats- und Regierungschefs der Welt hielten es für sinnvoll, gemeinsam die Standards für dessen friedliche Nutzung in Wissenschaft, Medizin und Energie zu definieren. Eine wissenschaftliche Konferenz dazu im Rahmen der UNO war bereits zuvor angekündigt worden, doch nun gaben die »Großen Vier« grünes Licht für die Kernenergie. Im August desselben Jahres versammelten sich – ebenfalls in Genf, im Palais des Nations – 1260 Delegierte aus Dutzenden von Ländern. Die Genfer Atomkonferenz, die International Conference on the Peaceful Uses of Atomic Energy, begann.

Dies war ein symbolischer Moment, der als Beginn der Ära der Kernkraftwerke angesehen werden kann.

Die Anwesenden wurden mit Reden der führenden Politiker der Welt begrüßt. Es lohnt sich, Auszüge aus zwei dieser Reden zu zitieren.

Nikolai Bulganin (Premierminister der UdSSR):

> Die sowjetische Regierung bringt die Hoffnung zum Ausdruck, dass die Konferenz einen wichtigen Schritt zur Entwicklung der internationalen wissenschaftlichen Zusammenarbeit auf dem Gebiet der friedlichen Anwendung der Atomenergie darstellt, und wünscht der Konferenz Erfolg bei dieser edlen Aufgabe.

Dwight D. Eisenhower (US-Präsident):

> Das Atom ist unpolitisch und gehört keiner Nationalität an. Es ist weder moralisch noch unmoralisch. Nur der Mensch kann es gut oder böse machen. Nur der Mensch kann entscheiden, wie er die Atomenergie nutzen will.

Dies war eine Art Fortsetzung der berühmten Atoms for Peace-Rede, die Eisenhower zwei Jahre zuvor vor der Vollversammlung der Vereinten Nationen in New York gehalten hatte. Damals enthüllte der US-Präsident Details der bis dahin geheim gehaltenen Atomprogramme und meinte, es sei an der Zeit, die Atomwaffen aus den Händen der Soldaten zu nehmen und das Atom für friedliche Zwecke zu nutzen. Damit wollte er nicht nur verhindern, dass einzelne kleinere Länder eigene Atomprogramme aufstellen, sondern auch die Zusammenarbeit mit dem Alten Kontinent stärken, wo bereits an der Gründung einer Europäischen Atomgemeinschaft gearbeitet wurde.

Doch kehren wir zurück nach Genf. Der UN-Sekretär und spätere Nobelpreisträger Dag Hammarskjöld sprach von der Notwendigkeit, »die Wahrheit zu suchen« und sich von der Kriegsrhetorik zu lösen, um einen friedlichen Dialog zu führen. Dr. Homi J. Bhabha, ein weltberühmter indischer Atomphysiker und Präsident der Konferenz, ging sogar noch weiter. Er unterschied drei Epochen im Leben der Menschheit. Die erste war die

Zur Weltausstellung Expo 1958 entstand in Brüssel das Atomium. Das Bauwerk wurde als Symbol für das Atomzeitalter und die friedliche Nutzung der Kernenergie von dem Ingenieur André Waterkeyn entworfen und von den Architekten André und Jean Polak ausgearbeitet und errichtet. Das Atomium ist eine 165-milliardenfache Vergrößerung der kristallinen Elementarzelle des Eisens. Es sollte ursprünglich 134 Meter hoch sein. Aus Gründen der Flugsicherheit wurde es aber nur mit 102 Metern Höhe gebaut. Die Konstruktion ist etwa 2400 Tonnen schwer.

Nach wikipedia.org/wiki/Atomium

Geburt der Zivilisation des alten Ostens (an den Flüssen Tigris und Nil), die nächste Epoche war die industrielle Revolution, und die letzte – die moderne – wurde seiner Meinung nach durch die Entdeckung der Atomenergie eingeleitet.

Nach den offiziellen Reden begann die eigentliche Arbeit. Wissenschaftler aus verschiedenen Teilen der Welt konnten – nach vielen Jahren des Engagements für militärische Projekte, die bisher geheim gehalten wurden – ihr Wissen endlich einer anderen Verwendung zuführen. Die Konferenz war eine bedeutende Plattform für den Erfahrungsaustausch zwischen Ost und West. Wissenschaftler, die auf beiden Seiten des Eisernen Vorhangs arbeiteten, konnten einander endlich begegnen, Kaffee trinken und miteinander reden. Vor allem die Wissenschaftler aus Obninsk, denen es gelungen war, den ersten nicht-militärischen Reaktor in Betrieb zu nehmen, wurden mit Respekt behandelt. Der Korrespondent des KURIER WARSZAWSKI, Professor Józef Hurwic, damals Dozent an der Technischen Universität in Warschau und einer der vielen Wissenschaftler, die nach Genf kamen, hat den Moment genau festgehalten:

> Jeder Delegierte hat einen Zettel am Revers seiner Jacke, auf dem der Name des Landes, das er vertritt, und sein Name stehen. So können wir leicht erkennen, mit wem wir es zu tun haben. Und wir sind nicht irgendwer. Hier geht der betagte Schöpfer des Planetenmodells des Atoms, der Däne Niels Bohr, an uns vorbei. Ein paar Schritte weiter geht der hochgewachsene Glenn Theodore Seaborg, ein Amerikaner, den wir mit Fug und Recht als den »Großproduzenten« der transuranischen Elemente bezeichnen dürfen, weil er alle transuranischen Elemente bis einschließlich 101 (Mendelevium) entdeckt oder, genauer gesagt, mit seinen Mitarbeitern künstlich hergestellt hat.
>
> An einer anderen Stelle in den labyrinthischen Gängen des Palais des Nations, wo die Konferenz stattfindet, treffen wir die bedeutenden sowjetischen Wissenschaftler Dmitri Skobelzyn und Dmitri Blochinzew. An anderer Stelle unterhalten sich Professor Leopold

> Infeld und der wissenschaftliche Sekretär der Ungarischen Akademie der Wissenschaften, der renommierte Erforscher der kosmischen Strahlung, Professor Lajos Janossi [sic!]. Auch die Entdecker der Uran-Kernspaltung, die Deutschen Otto Hahn und Fritz Strassmann [und] der Erfinder des ersten Teilchenbeschleunigers, John Cockroft aus England, sind hier zu nennen. Die Namen vieler Wissenschaftler dieses Kalibers könnten hier genannt werden.[1]

Auch an jungen Forschenden mangelte es auf der Konferenz nicht, denn wie Hurwic bemerkte, war die Kernenergie eine junge wissenschaftliche Disziplin. Eine der ersten Ausgaben der in London erscheinenden wissenschaftlichen Zeitschrift über Kernenergie, das JOURNAL OF NUCLEAR ENERGY, wurde unter den Teilnehmern verteilt. Die Delegierten diskutierten vor allem über den Bedarf an neuen Energiequellen, da die natürlichen Vorkommen immer mehr schrumpften und die Nachfrage nach Energie stieg. Die Forscher sahen eine Chance in der Kernenergie, die, wie Hurwic betonte, in Obninsk bereits erfolgreich genutzt wurde.

Einige Monate zuvor hatte das sowjetische Politbüro die Bezeichnung »GEHEIM« aus den Plänen zum Bau eines Systems von Kernkraftwerken entfernt. In allen Ländern, die unter dem Einfluss der UdSSR standen, schossen nukleare Institute wie Pilze aus dem Boden. In Polen wurde in Świerk, 30 Kilometer von Warschau entfernt, eine Versuchsstation für die Entwicklung der Kernenergie errichtet. Ähnliche Einrichtungen entstanden in der DDR, der Tschechoslowakei, Rumänien, Bulgarien, Ungarn und auch in China.

WIE WAR DAS MIT ŻARNOWIEC?

Zu den Gästen der Genfer Konferenz gehörte Professor Andrzej Sołtan, der gerade aus Obninsk zurückgekehrt war, wo ihm das erste Kernkraftwerk gezeigt worden war. Umgeben von Kollegen aus Frankreich, Österreich, den Vereinigten Staaten und der Sowjetunion, fühlte sich der angesehene Wissenschaftler in der Schweizer Stadt wie zu Hause. Sołtan war im wissenschaftlichen Milieu hoch angesehen, was sich auch darin zeigte, dass er nach dem Ende des Zweiten Weltkriegs 1947 von den Vereinigten Staaten eingeladen wurde, dem Atombombentest auf dem Bikini-Atoll im Pazifik beizuwohnen.

Auf der Konferenz hielt der Professor einen Vortrag in französischer Sprache über das Vorkommen von Uran in Gesteinen.[2] Während des Vortrags dachte er wahrscheinlich an etwas vollkommen anderes. Wenige Tage vor seiner Abreise hatte er nämlich von den Behörden der Volksrepublik Polen einen besonderen Auftrag erhalten – er sollte das neu gegründete Institut für Kernforschung leiten. Das war eine große Chance, denn bis dahin war dieser Wissenschaftszweig extrem unterfinanziert gewesen. Andrzej

1 Józef Hurwic: Atom bez zasłony [Atom ohne Vorhang]. In: ŻYCIE WARSZAWY vom 09.08.1955.

2 Henryka Plucińska: Andrzej Sołtan 1897–1959. Monografia bio-bibliograficzna [Andrzej Sołtan 1897–1959. Biobibliografische Monografie], Otwock-Świerk 1991, S. 14.

Sołtan, der für seine Abneigung gegen die Leitung wissenschaftlicher Einrichtungen bekannt war, hatte letztlich keine Wahl: Er nahm an. Er nahm die Stelle an und machte sich sofort an die Arbeit. Nur er – ein Forscher von Weltruf – konnte eine Schar junger Wissenschaftler anziehen, die von der Atomenergie fasziniert waren, und von denen sich mehrere demnächst dem Institut für Kernforschung anschlossen. Wie sich seine Kollegen erinnern, war Sołtans Terminkalender bis zum Rand gefüllt. Dennoch versuchte er, alle Arbeiten seiner Schützlinge persönlich zu überwachen.

Die bürokratische Maschinerie war in Gang gesetzt worden. In Polen wurde die Regierungskommission für friedliche Nutzung der Kernenergie gegründet, und innerhalb weniger Monate wurden weitere politisch dominierte Einrichtungen geschaffen: der Regierungsbevollmächtigte für die Nutzung der Kernenergie, das Komitee für die friedliche Nutzung der Kernenergie und der majestätische, 40-köpfige Staatsrat für die friedliche Nutzung der Kernenergie.

Alle Gremien waren sich in einem Punkt einig: Die strategische Zusammenarbeit mit der Sowjetunion musste aufgenommen werden. Angesichts der Realitäten des damaligen Systems war keine andere Schlussfolgerung möglich. Das Dokument wurde schließlich 1958 unterzeichnet und trug den Namen *Abkommen über die Gewährung von technischer Hilfe durch die Sowjetunion an die Volksrepublik Polen auf dem Gebiet der Nutzung der Atomenergie für die Bedürfnisse der Volkswirtschaft.*

Sołtan begann bald nach seiner Ernennung zu handeln. Zufälligerweise wurden in Genf sowjetische Forschungsreaktoren präsentiert. Der Professor führte also mehrere Gespräche darüber. Den Genossen aus dem Osten wurde grünes Licht gegeben, ihre Technologie mit den Bruderländern zu teilen. Polen gehörte zu den Glücklichen, ebenso wie China, die Tschechoslowakei, die Deutsche Demokratische Republik und Rumänien. Damals fiel die Entscheidung, einen solchen Reaktor für das Land zu kaufen. Lange Verhandlungen begannen.

Anfänglich hatten die Russen den Polen eine hohe Rechnung ausgestellt. Sie wollten bis zu 15 Millionen Dollar für ihre Technologie haben. Sołtan, der die finanziellen Möglichkeiten Polens und auch die Marktpreise für die Reaktoren kannte, legte sein Veto ein. Zuvor hatten ihm seine Kollegen von einem inoffiziellen, halblegalen und äußerst wettbewerbsfähigen Angebot der Briten berichtet. Der Professor nutzte diese Information als Verhandlungsargument. Am Ende gaben die sowjetischen Genossen nach. In der Vita des Professors las ich, dass dies nur aufgrund seines Muts und seines Verhandlungsgeschicks möglich gewesen war. Vor allem aber reduzierte er den ursprünglichen Preis von 15 Millionen Dollar um zwei Drittel. Am Ende wurden 5,5 Millionen Dollar für den Reaktor gezahlt.[3]

3 Andrzej Mikulski: Reaktor Ewa po wielu latach [Der Reaktor Ewa nach vielen Jahren]. In: Postępy Techniki Jądrowej 2015, Nr. 1, S. 5.

Kurz darauf wurde Ewa[4], der erste Forschungsreaktor mit einer Leistung von zwei Megawatt, aus der UdSSR nach Polen importiert und am 14. Juni 1958 in Świerk bei Warschau (heute ein Stadtteil von Otwock) in Betrieb genommen. Die Inbetriebnahme wurde von dem Ingenieur Jerzy Aleksandrowicz durchgeführt. Wie ich später von einem Wissenschaftler erfahren sollte, gelang es Aleksandrowicz, die Leistung des Reaktors auf vier Megawatt und Jahre später sogar auf zehn Megawatt hochzufahren. Schon damals hatten sich die Polen als Atomspezialisten einen Namen gemacht. Um diese Leistung wurden sie von ihren Kollegen aus dem Ostblock beneidet.

Der Chef des Instituts für Kernforschung war, während er das charakteristische blaue Licht des gerade in Betrieb genommenen Reaktors betrachtete, in seinen Plänen bereits einen Schritt weiter. Er dachte an den Bau eines vollwertigen, wenn auch experimentellen Kernkraftwerks. Professor Sołtan, der von den Verwaltungsaufgaben erschlagen war und deswegen bald von der Leitung des Instituts zurücktreten sollte, legte die Einzelheiten seiner Idee auf einer der offiziellen Sitzungen des Staatsrats für die friedliche Nutzung der Kernenergie dar. Sein Plan war überaus ehrgeizig.

Er plante für das Jahr 1965 die Eröffnung des ersten Kernkraftwerks bei Serock, an der Mündung des Flusses Bug in den Narew, in der Nähe des künstlich angelegten Zegrzyński-Stausees. Die Anlage sollte 200 Megawatt Netzleistung haben und neben Strom auch Plutonium zur Anreicherung von Brennstoff für spätere Reaktoren produzieren. Doch damit war die Geschichte noch nicht zu Ende. Im Rahmen seines Fünfjahresplans sah Sołtan den Bau weiterer Kraftwerke vor. Im Jahr 1970 sollte die polnische Atomenergie insgesamt 600 Megawatt liefern.[5] Warum haben wir also mehr als zwei Jahrzehnte auf den Baubeginn gewartet?

Zu dieser Thematik kontaktiere ich per E-Mail Professor Andrzej Strupczewski, der 1959 – ein Jahr nach der Inbetriebnahme von Ewa – zum Institut für Kernforschung kam. Er arbeitet übrigens auch heute noch dort. Trotz seines hohen Alters ist Strupczewski einer der weltweit führenden Experten für die Sicherheit von Kernreaktoren. Es ist nicht leicht, einen Termin für ein Gespräch mit ihm zu bekommen, denn er ist immer noch ein vielbeschäftigter Mann. Regelmäßig erstellt er Analysen und Gutachten für Institutionen, die sich mit der Kernenergie befassen; darüber hinaus wurde die Angelegenheit durch das Coronavirus und Kontaktbeschränkungen erschwert.

Doch er sollte mich nicht vergessen. Wir tauschten mehrere E-Mails aus. Wegen des Lockdowns durfte allerdings ein persönliches Treffen nicht in Frage kommen – es ging um die Sicherheit.

4 »Ewa« stand für Experiment, Wasser, Atom (Anm. der Red.).
5 Vgl. Plucińska, Andrzej Sołtan 1897–1959 (siehe Fn. 2), S. 16.

Schließlich gelingt es uns, uns für ein Telefonat zu verabreden. Zur vereinbarten Zeit wähle ich die angegebene Nummer. Eine freundliche, feste Männerstimme dringt durch den Hörer. Man merkt nicht, dass Professor Strupczewski über 80 Jahre alt ist. Er spricht mit Zuversicht und Überzeugung und versucht, selbst komplexe Sachverhalte mit einfachen Worten zu erklären. Manchmal wird er langsamer oder fügt ein paar Worte hinzu. Es ist ihm wichtig, dass ich alles verstehe.

In der Zwischenzeit erhalte ich von ihm per E-Mail die 2016 erschienene Publikation *Zaufajmy energetyce jądrowej* [Lasst uns der Kernenergie Vertrauen schenken]. Ein Auszug aus dem Vorwort von Professor Strupczewski bringt seine Herangehensweise an das Thema perfekt auf den Punkt:

> Solltest du feststellen, dass die Frage, die du stellen wolltest, nicht beantwortet wurde, schreibe mir. Wir können gerne weiterreden, ich werde mich über jeden Brief freuen. Deine Meinung ist mir wirklich wichtig. Jede kritische Bemerkung ist für mich wertvoll, und gleichzeitig möchte ich, dass du dir nicht unnötig Sorgen machst, wenn ich die Antwort auf deine Zweifel bereits kenne. Ich bin kein gesichtsloser Beamter, der sich hinter geheimnisvollen Anfangsbuchstaben und einer Redaktionsadresse versteckt. [...] Ich werde dir jeden Brief und jede Frage so gut ich kann und immer ehrlich beantworten. So wie man es in einer guten Diskussion unter Freunden tun sollte.[6]

Ich frage ihn nach den 1960er Jahren, einer Zeit, die in den Archiven fehlt. Es ist bekannt, dass es in Polen ein Institut für Kernforschung gab, aber in anderen Ländern wurde bereits mit dem Bau von Kraftwerken begonnen. Die Amerikaner und die Russen waren die Vorreiter und wollten ihre Arbeit an verbündete Nationen verkaufen. So wurde 1966 in Rheinsberg (DDR) das erste Kernkraftwerk des Ostblocks, außerhalb der UdSSR, in Betrieb genommen. Ein weiteres Kraftwerk wurde 1972 in Bohunice in der Tschechoslowakei fertig gestellt. Zwei Jahre später folgte eines in der bulgarischen Stadt Kosloduj. In späteren Jahren wurden die Arbeiten auch im tschechoslowakischen Dukovany, im ungarischen Paks oder in Greifswald fortgesetzt. In Polen sprach zur gleichen Zeit Władysław Gomułka von der Sejm-Tribüne aus, zum allgemeinen Entzücken der Anwesenden, von der führenden Rolle des Bergbaus in der staatlichen Wirtschaft. Die Energiewirtschaft unter Gomułka basierte auf der Kohle, weshalb bis Ende der 1950er Jahre nicht weniger als fünf neue Kraftwerke eröffnet wurden, darunter eines in Konin – das erste Braunkohlekraftwerk Polens – und eines in Skawina – ein Steinkohlekraftwerk. Kurz darauf begannen auch die Arbeiten an dem riesigen Kraftwerk Turów – ebenfalls für Braunkohle.

6 Andrzej Strupczewski: Zaufajmy energetyce jądrowej [Lasst uns der Kernenergie Vertrauen schenken], Warszawa 2016, S. 9.

»Gab es damals schon Überlegungen für ein Kernkraftwerk?«, frage ich Professor Andrzej Strupczewski.

»Wir haben die Möglichkeit des Baus eines Kernkraftwerks in Polen untersucht«, bestätigt er, obwohl er zugibt, dass es ihm wichtiger war, einen weiteren Forschungsreaktor, Maria, zu bauen. Das »Baby« von Professor Strupczewski funktioniert immer noch perfekt. Wie ich erfahre, handelt es sich um einen der besten Reaktoren seiner Art in der Welt. Es gibt keine Spur von Rost oder Schmutz daran. Er produziert Isotope von Molybdän-99, die auch für den Export bestimmt sind und für die Behandlung Tausender Patienten in der ganzen Welt verwendet werden. Maria ist jedoch ein Versuchsreaktor, der keine elektrische Energie liefert.

»In den 1960er und 1970er Jahren wurden in anderen Ostblockländern Kernkraftwerke gebaut. Warum nicht in unserem Land?«, frage ich geradeheraus. Und ich habe den Nagel auf den Kopf getroffen.

Vor seinem Tod im Jahr 1959 führte Professor Sołtan polnische Wissenschaftler in die Welt der Kernkraft ein. Auch von hinter dem Eisernen Vorhang kamen Forscher nach Świerk. In den Akten des Sicherheitsdiensts habe ich sogar gelesen, dass die Politik der »offenen Türen gegenüber Wissenschaftlern aus kapitalistischen Ländern es dem Feind erleichterte, an wertvolle Informationen zu gelangen«.[7] Dabei ging es natürlich um die Amerikaner. Einer von ihnen wurde sogar observiert. Aber es gab auch die andere Seite der Medaille – die Möglichkeit, nach Übersee zu fahren. Strupczewski selbst ging zu Beginn seiner Tätigkeit am Institut für Kernforschung für ein Jahr in die USA. Er hat dortige Lösungen beobachtet und diskutiert, und er lernte eine Menge. Und er war nicht der Einzige.

Professor Strupczewski erzählt mir die Geschichte von Hyman Rickover, einem amerikanischen Admiral – übrigens einem Juden polnischer Herkunft, geboren in Maków Mazowiecki –, der einen wichtigen Beitrag für sein Land durch die Teilnahme am Manhattan-Programm leistete und im Jahr 1957 den Atomantrieb für amerikanische U-Boote einführte. Er war auch Mitverfasser des Gesetzes über den Bau von Kraftwerken an Land.

»Darin heißt es, dass es kein Kernkraftwerk ohne eine Reaktorsicherheitshülle geben darf«, erklärt Professor Strupczewski. »Es handelt sich um eine massive Hülle, die heutzutage aus zwei konzentrischen Betonwänden besteht, die eineinhalb Meter dick sind. Und dazwischen gibt es einen Raum, der so groß ist, dass ein Elefant hindurchgehen könnte. Diese Ummantelung kann sowohl einem Flugzeugaufprall von außen

7 Mirosław Sikora: Atom. Nukleonika polska z perspektywy SB w 1964 r. [Die polnische Atomforschung aus der Sicht des Geheimdienstes SB im Jahr 1964]. In: Biuletyn IPN 2008, Nr. 4, S. 81.

Atomreaktoren in Polen

Seitdem in Polen 1958 der erste Reaktor EWA (Eksperymentalny, Wodny, Atomowy) im Atomforschungszentrum Świerk bei Warschau eingesetzt wurde, sind mehr als 50 Jahre vergangen. 1972 beschloss die Regierung, in Żarnowiec bei Danzig das erste polnische Atomkraftwerk mit sowjetischer Technologie zu bauen, mit konkreten Baumaßnahmen begann man jedoch erst 1982, wobei die Wirtschaftskrise der 1980er Jahre und die Atomkatastrophe in Tschernobyl den Bau behinderten, bis er 1990 von der Regierung Mazowiecki ganz aufgegeben wurde. 1990 waren in Świerk zwei Zeugnisse polnischer Atomreaktortechnik in Betrieb: EWA und MARIA. EWA wurde 1995 abgeschaltet, der 1964 gebaute Reaktor MARIA arbeitet bis heute mit einer Leistung von 30 Megawatt.

In Świerk arbeiteten auch andere, kleinere Reaktoren. MARYLA aus dem Jahr 1963 war als Schulungsreaktor geplant (Leistung nur 100 Watt) und wurde nach einem Umbau u.a. für die Zubereitung von Brennelementen für EWA genutzt. 1973 entwickelten polnische Atomingenieure einen weiteren Schulungsmeiler AGATA, der Brennelemente für MARIA testen sollte. Darüber hinaus wurde an ihm künftiges Bedienungspersonal geschult. Der Reaktor ANNA entstand 1963 und hatte zunächst eine Leistung von zehn Kilowatt, ein eigenes Kühlungssystem und Bedienungspanel. Später wurde er zu einem Schnellbrüter (Prędka Anna) umgebaut und arbeitete mit sogenannten »schnellen Neutronen«. Die Krönung polnischer Atomtechnik stellte der UR-100 dar (Uniwersytecki Reaktor 100 Kilowatt), der an Stelle des veralteten MARYLA entstand. Er sollte serienmäßig produziert und an Atomphysik-Fachbereichen der polnischen Hochschulen zu Schulungszwecken eingesetzt werden. Nach erfolgreichen Tests wurde dieses Vorhaben, wahrscheinlich aus finanziellen Gründen, aufgegeben, der Reaktor selbst abmontiert und auf dem Gelände des Krakauer Bergbau- und Hüttenakademie AGH dem Zahn der Zeit überlassen.

Nach Krzysztof Wojciech Fornalski: *Reaktory jądrowe w Polsce* [Atomreaktoren in Polen]. In: ENERGIA DLA PRZEMYSŁU Nr. 3–4 (2011), S. 16–19 und *Anna, Agata, Maryla – zapomniane polskie reaktory* [Anna, Agata, Maryla – vergessene polnische Reaktoren]. In: EKOATOM Nr. 8 (2013), S. 9–17.

als auch möglichen Explosionen von innen standhalten. Die Sache ist die, dass die Russen uns einen Reaktor, die Schlüsselkomponente eines Kernkraftwerks, allerdings ohne eine solche Sicherheitshülle verkaufen wollten. Und genau an diesem Punkt war der Konflikt entstanden.

Polen wollte einen solchen Reaktor nicht kaufen. Wir waren der Meinung, dass die Sicherheit verbessert werden muss, bevor wir mit dem Bau eines Kraftwerks in unserem Land beginnen können. Die Russen waren daraufhin beleidigt. Schließlich waren zuvor in der Tschechischen Republik (damals Tschechoslowakei), in Ungarn und Bulgarien Kernkraftwerke gebaut worden. Doch wir Polen sagten, dass wir einfach einen besseren Reaktor wollten, bevor wir mit dem Bau begannen«, gibt der Professor stolz zu.

Wie ich von ihm erfuhr, war der erste Reaktor, der in die DDR kam (in die Stadt Heiberg[8] im Jahr 1966), ziemlich primitiv.

»Die Russen wollten der ganzen Welt zeigen, wie großartig das sowjetische technische Denken war. Aber das fanden wir gar nicht gut.«

In unserem Gespräch führt der Professor eine weitere interessante Geschichte an, die zeigt, dass polnische Wissenschaftler sich sehr genau mit den Feinheiten des neu entstehenden Energiebereichs befasst haben.

Auf einer Konferenz stellten die Russen einen Entwurf für einen ihrer bereits in Betrieb befindlichen RFT-Reaktoren vor. Der polnische Expertenstab analysierte sorgfältig jeden Teil der ihnen präsentierten Zeichnung. Der Reaktor, den die Polen in den 1960er Jahren zu Forschungszwecken kaufen wollten, bestand unter anderem aus einem vertikalen Tank, in den von oben große Kassetten mit Brennstoff und Graphit geladen wurden. An der Wand des Tanks klaffte jedoch eine Lücke – einen halben Meter breit. »Dieser Spalt darf nicht sein, weil sonst gefährliche Mengen an Strahlung austreten«, sagte der junge Wissenschaftler Strupczewski bei der Analyse der Zeichnung. Die Frage, wie die Genossen in der UdSSR dieses Problem lösten, ließ ihm keine Ruhe. Schließlich reiste eine polnische Delegation nach Moskau, um mit den dortigen Wissenschaftlern persönlich darüber zu sprechen.

»Wie habt ihr das Problem gelöst?«, fragten sie direkt.

»Wissen Sie«, begann der russische Konstrukteur, sichtlich beschämt, »diese Lücken gibt es nun einmal ... Wenn Sie einen ähnlichen Reaktor bauen, denken Sie daran, dass Sie keinen Bitumen über eine solche Lücke gießen.«

8 Gemeint ist Rheinsberg (Brandenburg).

Im Moskauer Reaktor war das Bitumen – eine Dichtungsmasse – unter der Hitze geschmolzen und darunter hindurchgeflossen. Der Reaktor musste endgültig abgeschaltet werden, und das Ganze wurde mit Beton geflutet.

Nach diesem Treffen wollte die polnische Seite einen derartigen Reaktor nicht mehr bauen. Zumal er für die Ausbildung von Personal für ein künftiges Kernkraftwerk genutzt werden sollte. Nach Ansicht einheimischer Wissenschaftler hatten die russischen Produkte zu dieser Zeit, obwohl sie technisch nicht schlecht waren, zahlreiche Mängel. Und die Polen wollten alles solide und auf ihre eigene Weise machen. Es genügt zu sagen, dass der Maria-Forschungsreaktor (gebaut 1970–1974) – der Augapfel von Professor Strupczewski – ausschließlich aus Komponenten besteht, die in unserem Land hergestellt wurden.

»Abgesehen von dem angereicherten Brennstoff stammt alles an Maria aus polnischer Produktion. Der Entwurf, die Herstellung und die gesamte mechanische Ausrüstung. Vom Greifer bis zu den Pumpen«, zählt er auf. »Darüber hinaus gibt es einen umfangreichen Sicherheitsbericht, der 17 Bände umfasst und in dem alle Phasen des Reaktorbetriebs, einschließlich der Behandlung eines Unfalls, beschrieben sind. Es ist ein wichtiger Punkt, dass wir im Stande waren, das so umzusetzen«, höre ich.

Die polnische Industrie war in der Lage, viele Komponenten eines Atomkraftwerks herzustellen. Außerhalb des Landes musste man sich jedoch nach einem geeigneten Reaktor umsehen, der die Sicherheitserwartungen erfüllen würde. Dies geschah, als die Finnen begannen, sich für die sowjetische Technologie zu interessieren.

Nach mehrjährigen Verhandlungen zwischen Finnland und Russland[9] verpflichteten sich die Russen zur Lieferung von Reaktoren für das im Süden des Landes gelegene Kraftwerk Loviisa. Die Finnen begannen 1971 mit dem Bau.

»Es wurde vereinbart, dass in Loviisa ein spezieller Typ von Sicherheitsbehälter gebaut werden sollte. Gleichzeitig fanden die Russen heraus, wie man den Reaktor auch bei einem Größten Anzunehmenden Unfall unter Druck halten kann. Sie boten Polen einen solchen Reaktor mit einer Sicherheitshülle und einem System zur Druckabsenkung an. Und wir haben das Angebot angenommen«, erzählt mir der Professor.

Übrigens kennt Strupczewski das Kraftwerk Loviisa sehr gut. Einst hatte er – bereits nach dem Zusammenbruch von Żarnowiec – eine journalistisch-wissenschaftliche Reise dorthin organisiert. Auf diese Weise versuchte er, seine Gegner von der Atomkraft zu überzeugen. Sie behaupteten, dass das aus dem Kraftwerk kommende Wasser

9 Eigentlich ist die UdSSR gemeint (Anm. d. Red.).

radioaktiv sei. Um dieses Argument zu entkräften, nahm der Professor, begleitet von Kameras, das Wasser aus dem Kraftwerk Loviisa und trank es aus. Ihm passierte nichts. Zuvor zeigte er auch den Messwert des Geigerzählers vor – die Anzeige war eindeutig: Das Wasser war nicht radioaktiv.

Doch zurück zum Thema Bau eines polnischen Atomkraftwerks. In Polen gab es Mitte der 1970er Jahre bereits einen Reaktor auf dem Markt, es gab Wissenschaftler, die in der Lage waren, das Projekt durchzuführen, und es gab Industriebetriebe, die, nachdem sie darauf vorbereitet wurden, die Ausrüstung für das zukünftige Kraftwerk liefern konnten. Die Regierung fasste 1971 den sogenannten *Beschluss 112* zum Bau eines Kernkraftwerks, aber das Abkommen mit der Regierung der UdSSR über die Zusammenarbeit bei dieser Investition wurde erst im Februar 1974 paraphiert. Zu diesem Zeitpunkt war bereits bekannt, dass ein sicherer Reaktor, ähnlich dem nach Finnland gelieferten, nach Polen gelangen würde.

Wir hatten die Technologie also bereits. Ein Team aus spezialisierten Wissenschaftlern auch. Der nächste Schritt bestand darin, einen passenden Standort zu wählen.

KERNKRAFTWERK ŻARNOWIEC IN NADOLE

Ein Kernkraftwerk braucht Wasser, um zu funktionieren. Der auf 350 Grad Celsius erhitzte Reaktorkern muss ausreichend gekühlt werden, und der Reaktor selbst muss an einem Standort mit dem richtigen, also undurchlässigen, Boden stehen. Wissenschaftler und Geologen hatten verschiedene Standorte in Betracht gezogen, und alle Vorschläge hatten eines gemeinsam: die Nähe zum Wasser.

Anfang der 1960er Jahre, nach dem Tod von Professor Sołtan, wurde der Bau eines Kraftwerks in der Nähe von Warschau aufgegeben, an der Mündung des Flusses Bug zum Narew. Die weiteren Anstrengungen zur Auswahl eines geeigneten Standorts für das Kernkraftwerk begannen 1965. Mit dieser Aufgabe wurde das Unternehmen Energoprojekt Warszawa betraut. Damals wurden zwei Standorte in Betracht gezogen, die beide im Norden Polens in der Nähe der Ostsee lagen: zwischen Stettin (Szczecin) und Kolberg (Kołobrzeg) oder zwischen Hela (Hel) und Ustka. Eine Zeit lang dachte man auch an die Woiwodschaft Allenstein (Olsztyn), insbesondere an die Städte in der Nähe der Seenplatte.

Die Liste der möglichen Standorte wurde eingeschränkt, als die Vorbereitungen für den Bau des konventionellen Kohlekraftwerks Unteroder (Dolna Odra) in der Nähe von Szczecin begannen. Westpommern wurde nicht mehr in Betracht gezogen. Was blieb, war die Woiwodschaft Danzig (Gdańsk) – an der Weichsel oder an der Ostsee.

Zwischen 1966 und 1967 wurde eine intensive Feldforschung durchgeführt, um den besten Standort für den Bau zu finden. Am Ende wurden vier Standorte ausgewählt: Żarnowiec, Lubiatowo, Przegalina und Babia Góra.

»Es ist sehr wahrscheinlich, dass das erste Kernkraftwerk in einer der nördlichen Woiwodschaften errichtet wird, schon allein wegen des enormen Wasserbedarfs, denn ein Kraftwerk verbraucht etwa 200.000 Kubikmeter Wasser pro Betriebsstunde«, sagte Stanisław Andrzejewski, Regierungsbevollmächtigter für die friedliche Nutzung der Kernenergie, in einem Interview mit der Zeitung KURIER POLSKI im April 1971. Wahrscheinlich wusste er schon damals, dass Kartoszyno und der Żarnowiec-See ganz oben auf der kurzen Liste der potentiellen Orte standen.

»Die Standortsuche konzentrierte sich auf die nördlichen Gebiete des Landes, vor allem auf die Küstenregion um Hel, Ustka und die Region Untere Weichsel. In diesen Gebieten wurden mehr als ein Dutzend Standorte für Kernkraftwerke ausgewählt und analysiert. Als Ergebnis mehrjähriger Studien und Untersuchungen wurde im Dezember 1972 der Standort für das erste KKW am Żarnowiec-See ausgewählt«, schrieben Vertreter von Energoprojekt Warszawa.[10]

Das Ufer des Żarnowiec-Sees ist ein schwieriges Gebiet, weil es hügelig ist. Um mit den Arbeiten für das Kraftwerk beginnen zu können, mussten riesige Erdwälle bewegt werden. Darüber hinaus musste ein Stromnetz von Grund auf neu gelegt werden, um das Kraftwerk an den Rest des Landes anzuschließen. Auch war unklar, welche Art von Reaktoren nach Pommern gebracht werden sollten. Anfangs, in den 1970er Jahren, war von einem Reaktor die Rede, aber am Ende wurden vier geplant.

»Als beschlossen wurde, dass wir ein Kernkraftwerk am Żarnowiec-See bauen, sollten dort vier Reaktoren errichtet werden. Zwei davon sollten das ganze Jahr über in Betrieb sein, während die anderen zwei in den Phasen der größten Hitzewellen technische Pausen hätten einlegen müssen, damit der Brennstoff, die Ventile usw. gewechselt werden konnten, denn im Sommer konnte dem See das Wasser ausgehen«, erklärt Professor Strupczewski.

Die technischen Voraussetzungen wurden 1976 geschaffen, zwei Jahre nachdem die Zusammenarbeit mit der UdSSR vereinbart worden war. Bereits zu diesem Zeitpunkt wurde ein spezielles Team in den Nordbezirks-Energiewerken in Bromberg (Bydgoszcz) eingesetzt, um den Standort zu untersuchen und das Personal zu vervollständigen.

10 Maria Rogulska, Kazimierz Grzebuła, Andrzej Patrycy: Możliwości wykorzystania 50 lat doświadczeń w projektowaniu Energoprojektu Warszawa dla energetyki jądrowej w przyszłości [Die Möglichkeiten, 50 Jahre Erfahrung in der Planung des Energoprojekts Warszawa für die Kernenergie der Zukunft zu nutzen]. In: Raport IAE-65/A Polska Nauka i Technika dla Energetyki jądrowej jutra, Otwock-Świerk 2000, S. 44.

Sogar ein Ministerium für Energie und Atomenergie wurde eingerichtet, indem das Ministerium für Bergbau und Energie aufgeteilt wurde. Theoretisch konnte der Bau beginnen. Doch es fehlte der politische Wille. Offenbar erklärten die Russen – beleidigt darüber, dass wir keine früheren Reaktoren wollten – dass sie die Ausrüstung erst in ein paar Jahren liefern könnten. Außerdem müsse auch der Boden für den künftigen Bau übernommen werden, hieß es.

Es war auch die Rede von Konflikten mit den Bergleuten, die befürchteten, dass das Kernkraftwerk ihnen das Monopol auf die Energieerzeugung nehmen würde, sowie von Streitigkeiten innerhalb des Regierungslagers. Die Minister für Schwerindustrie sowie für Bergbau und Energie sollten gegen den Bau gewesen sein.

So erinnerte sich in einem Interview mit Atom-Befürwortern Władysław Kiełbasa, Mitverfasser der polnischen Gesetzgebung zur nuklearen Sicherheit und einer der wichtigsten Mitarbeiter des Kraftwerks in Żarnowiec:

> Die oberschlesische Lobby in der Regierung blockierte jahrelang den Baubeginn des Kernkraftwerks Żarnowiec. In den 1970er Jahren war die Investition so weit vorbereitet, dass nur noch eine Entscheidung nötig war. Als das Kriegsrecht ausbrach, wurden die Genossen, die gegen den Bau waren, verhaftet oder interniert. Jemand, ich weiß nicht wer, brachte diesen Bescheid zu General Jaruzelski, und der General unterschrieb ihn einfach.[11]

»Die plötzliche Entscheidung für den Bau kam für viele Leute überraschend. Denn Ende der 1970er Jahre begann der Ausstieg aus dem Kernkraftprojekt. Die Genehmigung für den Standort des Kraftwerks am Żarnowiec-See lief aus, und irgendwann wurde das gesamte Atomprogramm ausgesetzt. Mit dem Ausbruch des Kriegsrechts wurde auch das Projektteam in Bydgoszcz aufgelöst und seine Mitglieder wurden kurz vor Weihnachten entlassen. Auch das Ministerium für Energie und Atomenergie wurde aufgelöst und ging wieder im Ministerium für Bergbau und Energie auf. Doch plötzlich, Anfang 1982, änderte sich alles.

Das Atomprogramm wurde einen Monat nach Verhängung des Kriegsrechts wieder in Angriff genommen. Am 18. Januar 1982 unterzeichnete Armeegeneral Wojciech Jaruzelski, der gleichzeitig Ministerpräsident war, den Beschluss zum Bau des Kernkraftwerks – mit einem Budget von damals 44,5 Milliarden Zloty (heute etwa zwölf Milliarden Zloty). Die Arbeiten sollten nach acht Jahren abgeschlossen sein.«

11 Czarnobylive: Żarnowiec – Władysław Kiełbasa, z Władysławem Kiełbasą rozmawiali Tomasz Róg i Jacek Domaradzki z kanału Czarnobylcy [Czarnobylive: Żarnowiec – Władysław Kiełbasa. Mit Władysław Kiełbasa sprachen Tomasz Róg und Jacek Domaradzki vom Kanal Czarnobylcy], vgl. https://licznikgeigera.pl/czarnobylive-wladyslaw-kielbasa/ (31.10.2024).

Im Beschluss Nr. 10/82 des Ministerrats heißt es: »Die Inbetriebnahme des ersten Kraftwerksblocks mit einer Netzleistung von 465 Megawatt soll 1989 erfolgen, die des zweiten Blocks 1990.« Die Arbeiten sollten vom Minister für Bergbau und Energie Czesław Piotrowski (ebenfalls ein General) überwacht werden, der erst wenige Monate zuvor ernannt worden war.

Offenbar hatte der damalige stellvertretende Ministerpräsident Mieczysław Rakowski, dessen Meinung zu wirtschaftlichen Fragen General Jaruzelski sehr schätzte, einen entscheidenden Einfluss auf die Entscheidung zum Bau des Kernkraftwerks. Seine *Politischen Tagebücher*[12] enthalten viele Informationen über die damalige Wirtschaftslage. Rakowski schrieb zum Beispiel über die für Februar 1982 geplante und von Władysław Baka geleitete Wirtschaftsreform, über die Solidarność, über steigende Preise und über die Funktionsweise großer Industrieanlagen: Huta Katowice, Huta Warszawa, die Ursus-Werke oder die Danziger Werft. In Rakowskis Tagebüchern findet sich jedoch kein Wort über den Baubeginn des Kernkraftwerks Żarnowiec. Auch Władysław Baka schreibt darüber nicht in seinem Buch *Zmagania o reformę* [Das Ringen um die Reform].

Man kann davon ausgehen, dass sowohl Jaruzelski als auch Rakowski dem Atomprogramm positiv gegenüberstanden, obwohl ich später hören werde, dass sie in Sachen Energie völlig unwissend waren. Sie wussten jedoch von ihren Beratern, dass Polen neue Energiequellen brauchte. Ihnen war auch klar, dass die billigen Rohstoffe aus der UdSSR eines Tages zur Neige gehen könnten. Außerdem verschwand die Lobby, die den Baubeginn behinderte, aus Oberschlesien – der Minister für Bergbau und Energie und der Minister für Schwerindustrie wurden im Juli 1981 ausgetauscht. Sechs Monate später wurde der Beschluss über den Baubeginn des Kraftwerks unterzeichnet.

Dies war jedoch nicht das wichtigste Ereignis jener Tage. Im Februar 1982 waren die Preise gestiegen, und zwei Monate zuvor, in der Nacht vom 12. auf den 13. Dezember 1981, waren Aktivisten der *Solidarność* sowie einige Mitglieder früherer Regierungen wie Edward Gierek – ehemaliger Erster Sekretär – und Piotr Jaroszewicz – ehemaliger Premierminister – interniert worden. Die Militärs wollten sie vor das Staatstribunal stellen. Zu dieser Zeit herrschte *de facto* ein Verbot, sich zwischen den Woiwodschaften zu bewegen, und auf den Straßen fuhren Panzer.

TRYBUNA LUDU, der bewaffnete Arm des Propagandaapparats der Volksrepublik Polen, veröffentlichte am 19. Januar 1982 eine kurze, kaum wahrnehmbare Mitteilung, dass die Arbeiten am Kraftwerk begonnen hätten. Drei Tage später wurde etwas mehr berichtet: »Die Vorbereitungsarbeiten für die Errichtung der Anlage sind weit fortgeschritten – sie

12 Mieczysław Rakowski: Dzienniki polityczne 1984–1986 [Politische Tagebücher 1984–1986], Warszawa 2005.

laufen bereits seit mehreren Jahren. In diesem Jahr wird der erste Teil der geplanten 45 Milliarden Zloty in die Realisierung der Anlage investiert werden.«

Es wird auch erwähnt, dass der größte Teil der Geräte von der polnischen Industrie hergestellt werden solle, dass die Energie aus dem Meer – die weit von den Kohlevorkommen entfernt ist – heute zu teuer sei, und dass bald ein Pumpspeicherkraftwerk am Żarnowiec-See eröffnet würde, das in Zukunft mit dem Kernkraftwerk zusammenarbeiten könnte.

Zwei Tage nach dem Beschluss wurde General Piotrowski an den Żarnowiec-See geschickt. Der Besuch wurde in den Redaktionen der Danziger Tageszeitungen, die für die Dauer des Kriegsrechts zusammengeschlossen waren, dokumentiert: in Dziennik Bałtycki, Wieczór Wybrzeża und Głos Wybrzeża.

In einem Gespräch mit einem Reporter sagte Minister Czesław Piotrowski:

> Der Bau dieses Kraftwerks wurde lange Zeit hinausgezögert, obwohl die Entwicklung der Kernenergie in unserem Land eine dringende wirtschaftliche Notwendigkeit war und ist. Als die Regierung beschloss, diese kostspielige Investition unter den schwierigen wirtschaftlichen Bedingungen des Landes in Angriff zu nehmen, führte sie eine gründliche Analyse der Bedürfnisse des nationalen Energiesektors durch und kam zu dem Schluss, dass die Entscheidung keinen Aufschub duldete.[13]

In dem Artikel kann man auch von den Problemen des Wasserkraftwerks lesen, das nebenan gebaut wurde. Diese Fehler sollten vom Team, das teilweise für das neue Projekt abbestellt wurde, vermieden werden. Zumal die beiden Kraftwerke vom Ansatz her zusammenarbeiten sollten. Weiter heißt es in dem Artikel:

> Der Baubeginn wird unter schwierigen Bedingungen erfolgen, die sich aus der schwierigen wirtschaftlichen Lage des Landes ergeben, und aus der Notwendigkeit, Probleme zu lösen, die zu Beginn eines jeden Bauprojekts auftreten. [...] Die Anfänge einer neuen Energieinvestition, der bisher größten in der Region Danzig, werden nicht einfach sein. Dennoch ist der Anfang endlich gemacht.,

Ich habe auch einen der Direktoren von Żarnowiec, der für die erste Bauphase verantwortlich war – Ryszard Kurylczyk –, über die schwierigen Anfänge des Kernkraftwerks befragt.

13 J. Galikowski: Decyzja o budowie pierwszej elektrowni atomowej [Beschluss über den Bau des ersten Kernkraftwerks]. In: Trybuna Ludu vom 22.1.1982, S. 2.

»Meiner Meinung nach hatten die Militärs mehr Verständnis für den Bedarf an neuen Technologien als die Zivilisten«, erklärt er und fügt hinzu, dass die Regierung ständig unter dem Druck der Spezialisten für Kernenergie im Institut in Świerk bei Warschau stand. Schon vor dem Tag, an dem der Bau grünes Licht erhielt, waren dort über 1000 Wissenschaftler beschäftigt. »Aber erst als das Militär an die Macht kam, also während des Kriegsrechts, und General Piotrowski Minister wurde«, so Kurylczyk weiter, »wurde eine Atmosphäre geschaffen, in der man keine Angst vor dem Kraftwerk zu haben brauchte. Denn als die Zivilisten an der Macht waren, sowohl früher als auch später, hatten sie eine geradezu atavistische Angst vor der Kernkraft. Ähnlich wie vor Spinnen. Wir haben Angst vor dem, was wir nicht kennen.«

Es herrschte also die richtige Atmosphäre, der politische Wille und sogar die Bereitschaft zum Bau. Es fehlten jedoch die Mittel für den Kauf von Apparaturen aus dem Ausland. Die Lage im Lande war so ernst, dass die Erbauer des Kraftwerks 1985 keinen einzigen Zloty an Devisen ausgeben konnten. Dies war die Folge der vom Westen verhängten Sanktionen wegen des Kriegsrechts. Das bedeutete, dass fast die gesamte Ausrüstung aus Polen oder den Ostblockländern kommen musste.

Nach Ansicht von Professor Strupczewski war dies eine Chance für die polnische Industrie. Er sorgte persönlich dafür, dass die Qualität der Produktion auf höchstem Weltniveau lag. Die staatlichen Mittel für den technischen Teil wurden von der regionalen Niederlassung der Polnischen Nationalbank in Danzig bereitgestellt. Der Investor, zu dem im Juni 1982 – also nachdem die ersten Arbeiten bereits begonnen hatten – das Unternehmen Elektrownia Jądrowa Żarnowiec wurde, verpflichtete sich, die beiden Kraftwerksblöcke fristgerecht zu errichten. Doch das war noch nicht das Ende der Geschichte. In den folgenden Jahren sollten in der zweiten Phase zwei weitere Blöcke gebaut werden, ebenfalls am Ufer des Żarnowiec-Sees.

Aus dem Polnischen von Paulina Schulz

Der vorliegende Text ist ein Fragment des Buchs von Piotr Wróblewski: Żarnowiec. Sen o polskiej elektrowni jądrowej [Żarnowiec. Der Traum von einem polnischen Kernkraftwerk], Warszawa 2023, S. 22–55.

PIETA WRÓBLEWSKI ist Presse-, Rundfunk- und Internet-Journalist. Er arbeitet für das Portal WARSZAWA.NASZEMIASTO.PL, wo er über Warschauer Angelegenheiten berichtet. Er kommt aus Reda in der Nähe des geplanten AKW-Standorts in Żarnowiec.

Politik &
Gesellschaft

Philipp Fritz

Jetzt sind wir dran! Gesellschaftliche Energie in Polen

»TKM«: Der Legende nach soll Jaroslaw Kaczyński das Kürzel erstmals in einem Interview mit der Tageszeitung Gazeta Wyborcza in den 1990er Jahren gebraucht haben. Die nationalkonservative Partei Recht und Gerechtigkeit (Prawo i Sprawiedliwość, PiS), deren Vorsitzender Kaczyński bis heute ist, sollte sich erst einige Zeit später gründen, 2001. Im Jahr 1997 indes musste Kaczyński erklären, warum er nicht auf der Liste einer anderen Partei, der Wahlaktion Solidarność (Akcja Wyborcza Solidarność, AWS), für den Sejm, das Unterhaus des polnischen Parlaments, kandidieren wollte. »TKM«, sagte Kaczyński kurzerhand und umschrieb so einen in seinen Augen schlechten Charakter der AWS, den einer Partei, in der jeder sich selbst am nächsten ist. »Teraz, kurwa, my«, also »TKM«, lässt sich frei mit »Jetzt, verdammt noch mal, sind wir dran« übersetzen.

Dass der oftmals auf Manieren und Form bedachte Kaczyński seinerzeit eine derart vulgäre Andeutung gemacht hat, dürfte den Leser beinahe genauso erstaunen wie die Tatsache, dass er es in der Gazeta Wyborcza getan hat. Der PiS-Chef sollte der Zeitung in späteren Jahren vor allem mit Abneigung verbunden bleiben. In den Regierungsjahren der PiS, von 2015 bis 2023, fand so eine Begegnung nicht statt; sie ist auch heute kaum vorstellbar.

Welche Ursprünge das Akronym »TKM« tatsächlich hat, ist nicht zweifelsfrei belegt. Kaczyński bezog sich nach eigener Aussage auf den PiS-Politiker Marek Kuchciński, auch andere Namen tauchen in dem Zusammenhang auf. Eins jedoch ist klar: Von Beobachtern der polnischen Politik wird »TKM« bisweilen gebraucht, um bestimmte machtpolitische Praktiken zu beschreiben: dass einige Politiker lediglich am eigenen Vorankommen interessiert sind und dass einem Sieg oft eine rücksichtslose Machtübernahme folgt. Das Paradebeispiel dafür ist der Staatsumbau durch die PiS nach den gewonnenen Präsidentschafts- und Parlamentswahlen 2015. Damals besetzte die Partei nach der Vorschlaghammermethode Ämter in Staat, Verwaltung und auch

Wirtschaft mit Loyalisten – warum auch sollte man Rücksicht nehmen? »Jetzt, verdammt noch mal, sind wir dran!«

Heute steht »TKM« über die Politik hinaus – und zwar nicht zwingend pejorativ – für eine gewisse »Energie« in der polnischen Gesellschaft, eine Haltung, die durch Konsum, wirtschaftlichen Erfolg und ein gesteigertes Selbstbewusstsein bedingt ist: »Jetzt, verdammt noch mal, sind wir dran!« Das schließt etwa den Wohnungskauf, Urlaubsreisen, Beauty-OPs und Luxusprodukte verschiedenster Art, teure Lebensmittel oder andere Statusgüter ein.

Gepaart ist dies mit einem Aufstiegswillen des Einzelnen, aber auch einer Bereitschaft, das Land voranzubringen, also dem Wunsch nach Status und Anerkennung für Polen insgesamt. Das drückt sich zum Beispiel in den Jubelmeldungen in der polnischen Presse darüber aus, Polen sei wirtschaftlich mit Spanien, immerhin einem Land der »alten EU«, gleichgezogen. Bereits 2023 konnte der polnische Durchschnittshaushalt den in Spanien beim Konsum hinter sich lassen – nun konsumieren die Polen viel, sparen hingegen wenig; die Sparquote in Polen betrug in den vergangenen Jahren um die vier Prozent. Zum Vergleich: In Deutschland ist sie mehr als viermal so hoch. Der Durchschnittskonsum der Haushalte ist demnach als Wohlstandsindikator nicht ausreichend. Dem Internationalem Währungsfonds (IWF) zufolge soll Polen jedoch Spanien bereits 2027 auch beim Durchschnittseinkommen eingeholt haben. Laut Prognosen wird es dann bei mehr als 57.000 Dollar liegen.

In polnischen Medien ist denn auch die Rede davon, andere europäische Länder beim Thema Wohlstand und Wirtschaftskraft zu »jagen«, das heißt, sie zu überholen – »gonić« auf Polnisch. Von Kommentatoren wie ambitionierten Politikern werden schon die nächsten Ziele ausgerufen: da wäre Italien und dann Großbritannien. Sogar Premierminister Donald Tusk erklärte in einer Mitteilung auf X am 1. Mai 2024, anlässlich der 20-jährigen Mitgliedschaft Polens in der EU, dass das Land zu seinem 25. EU-Jubiläum Großbritannien eingeholt haben werde. Es war ein typisch polnisches Versprechen Tusks an seine Landsleute. Der ständige Vergleich mit dem europäischen Ausland und der Anspruch, besser zu sein als die anderen, sind zum Markenzeichen des kapitalistischen und demokratischen Polens geworden. Man stelle sich nur vor, ein deutscher Politiker würde so daherreden, ankündigen, Deutschland werde andere Länder »jagen«, sie überflügeln, und den Menschen werde es besser gehen. Der Kontrast zu Deutschland, wo aufgrund der sich ändernden Weltlage und wirtschaftlicher Verwerfungen allenthalben von »Deindustrialisierung« die Rede ist, könnte größer kaum sein. In Polen hingegen wirkt »gonić« – wie »TKM« – beinahe identitätsstiftend, gerade im Hinblick auf Deutschland. Denn natürlich wird auch Deutschland »gejagt«. Es ist gewissermaßen der Endgegner, mit dem die politisch-historische »Rückkehr nach Europa« nach dem Ende des Staatssozialismus und der sowjetrussischen Unterdrückung wirtschaftlich zu einem (vorläufigen) Schlusspunkt gebracht werden kann.

Polen auf der Überholspur

Laut Eurostat erreichte das nach Kaufkraftparität gemessene Bruttoinlandsprodukt (BiP) des Jahres 2023 in Polen ganze 80 Prozent des EU-Durchschnitts. In Portugal waren es 83 Prozent, in Spanien 89 Prozent, in Italien 97 Prozent, in Frankreich 101 Prozent, in Deutschland 115 Prozent und in Holland 130 Prozent.

Zum Vergleich betrug dieser Wert im Jahr der EU-Erweiterung 2004 für Polen 51 Prozent des EU-Durchschnitts, für Portugal 83 Prozent, für Spanien 101 Prozent, für Italien 114 Prozent, für Frankreich 112 Prozent, für Deutschland 122 und für Holland 138 Prozent.

Laut Experten des Polnischen Wirtschaftsinstituts (PIE) würde das BiP pro Kopf heute in Polen auf dem Niveau von ca. 60 Prozent des EU-Durchschnitts liegen, wenn Polen nicht Mitglied der EU wäre. Dieser Indikator hat sich in Polen seit 2004 mehr als verdoppelt, ein ähnliches Ergebnis hatte nur Litauen zu verzeichnen. In der ganzen EU wuchs das BiP in dieser Zeit um durchschnittlich 20 Prozent, so auch in Deutschland. In Tschechien stieg er um 40 Prozent, in Ungarn um 50 Prozent.

Werte nach https://forsal.pl/swiat/unia-europejska/artykuly/9499332,polska-w-ciagu-20-lat-dokonala-gospodarczego-skoku-te-liczby-robia-wr.html#google_vignette

»Gonić Niemców«, zu Deutsch »Deutschland jagen«, das heißt wirtschaftlich oder auf der Wohlstandsskala überholen, ist ein Topos, der sich nicht nur medial in Analysen oder Fachbeiträgen findet; auch im persönlichen Gespräch kommt er immer wieder vor. Einige Experten prognostizieren, dass Polen Mitte des Jahrhunderts mit Deutschland gleichauf liegen werde, andere gehen davon aus – abhängig von Faktoren wie Deutschlands relativem Abstieg –, dass dies auch schon in den 2030er Jahren geschehen könnte. Bei allem Enthusiasmus über Polens kometenhaften Aufstieg gilt es zu bedenken, dass die deutsche Wirtschaft fünfmal so groß ist wie die polnische; Deutschland ist die drittgrößte Volkswirtschaft der Welt. Das Durchschnittseinkommen ist immer noch zweieinhalbmal so groß wie in Polen. Vielen Polen scheint das bloß Ansporn zu sein, wirtschaftlich erfolgreicher zu sein.

Diese »Energie«, die durch die polnische Gesellschaft wabert, ist heute einmalig in Europa. Nach Jahrzehnten des Wachstums – für viele Menschen bedeutete das: Schufterei – kann in Polen endlich vielfach Wohlstand in beachtlichem Umfang genossen werden. In Shopping Malls, Hotels und Spas an der Ostsee oder in den polnischen Bergen und nicht zuletzt in der Gastronomie, die vor allem in den vergangenen Jahren einen Aufschwung erlebt hat. Die Polen gehen dem überall im Land nach, nicht nur in der boomenden Hauptstadt Warschau, und zwar lustvoll. Das ist umso beachtlicher, da Polen einer Vielzahl von Krisen ausgesetzt ist. Das Land ist der Frontstaat der Nato an der Ostflanke des Bündnisses. Russlands Krieg tobt direkt hinter der Grenze,

Bombeneinschläge in der Region um die westukrainische Stadt Lviv können in Polen gesehen werden, russische Raketen sind bereits in den polnischen Luftraum eingedrungen. Im Norden befindet sich die russische Exklave Kaliningrad, im Nordosten droht der belarusische Diktator Alexander Lukaschenka Polen regelmäßig. Seine Schergen treiben seit dem Sommer 2021 Migranten aus dem Nahen Osten oder Afrika über die Grenze nach Polen und damit in die EU. Schüsse fallen an der Grenze, es kommt zu Toten. Polen hat als Reaktion darauf eine viereinhalb Meter hohe Mauer entlang der mehr als 400 Kilometer langen Grenze zu Belarus gebaut. Der »hybride Krieg« von Belarus und Russland gegen Polen allerdings beschränkt sich nicht auf »Migration als Waffe« mit dem Ziel, die Gesellschaft zu destabilisieren; auch Sabotageakte und Spionagefälle haben seit 2022 stark zugenommen.

Polens Boom und der Zuversicht vieler Menschen kann das nichts anhaben. Beinahe schon trotzig scheint Warschau seine Wolkenkratzer gegen die Aggression von außen anzubauen, es sind Symbole für Wirtschaftskraft und Zukunftswillen. Im Monatstakt werden neue Hochhausprojekte angekündigt – und realisiert. Der Gegensatz zur deutschen Hauptstadt ist groß. Während seit gut 30 Jahren in Berlin über den Plan des Architekten Hans Kollhoff für Hochhäuser am Alexanderplatz diskutiert wird, wird in Warschau geklotzt. In Berlin hat der Senat die Hochhäuser immer weiter runtergekürzt, sodass sie unter der Wolkenkratzermarke von 150 Metern landen. Eines der Argumente ist, dass die Sichtachse auf den Fernsehturm aus DDR-Zeiten nicht verstellt werden dürfe. In Warschau steht der 237 Meter hohe Kulturpalast, der 1955 fertiggestellt wurde, mittlerweile im Schatten des 2022 fertiggestellten Varso Tower. Er ist mit 310 Metern Höhe (die Antenne eingerechnet) das höchste Hochhaus der EU. Auch wenn die Warschauer langsam ihren Frieden mit dem Kulturpalast – diesem einstigen Symbol für die russische Fremdherrschaft und den aufgezwungenen Kommunismus – zu machen scheinen, ist der Bau des Varso Tower ein ebenso starkes Symbol für den Sieg des demokratischen, auch kapitalistischen Polens über seine Vergangenheit. Ernstzunehmende Bürgerbeteiligungen oder Anforderungen wie eine Mischnutzung des Gebäudes, den Einzug einer Kita oder sozial verträgliches Bauen und Wohnen gab es in Bezug auf den Varso Tower übrigens nicht. Auch das wäre dieser Tage in Deutschland undenkbar. Proteste einer aufgebrachten linken Szene oder wütender Anwohner wie vor dem sogenannten Amazon Tower in Berlin-Friedrichshain? Das wäre wiederum in Warschau undenkbar.

Der architektonische Eklektizismus, der Wildwuchs von Hochhäusern, entspricht jener »Energie«, die sich in der Idee des »Überholens« zeigt oder in dem Ausspruch »TKM«, also »jetzt, verdammt noch mal, sind wir dran«. Interessant ist, dass vor diesem Hintergrund immer noch die Rede davon ist, zu Westeuropa aufzuschließen, und dass weiter im Westen gelegene Städte und Länder vielen Polen als Vorbild gelten oder zumindest als Vergleichsgröße dienen. Lange war es unter Warschauern Mode, Warschau als »kleines Berlin« zu bezeichnen. Dieser Vergleich war schon immer schief.

Gerade wer aus Berlin kommend Warschau besucht, muss sich darüber wundern. Im Wunsch, »nach Europa zu gelangen« oder es zu »überholen«, haben viele Polen ein Bild von Deutschland, Österreich oder den Niederlanden vor Augen, wie diese Länder scheinbar einmal waren. Die Probleme von heute nehmen sie erst wahr, wenn sie Berlin oder Amsterdam besuchen, dort arbeiten oder mit Betrieben vor Ort zusammenarbeiten, vielleicht dort investieren. Die »Energie« der polnischen Gesellschaft und die wirtschaftliche Entwicklung des Landes erinnern dieser Tage vielmehr an asiatische Länder, an Länder, die einmal »Tigerstaaten« genannt wurden, speziell an Südkorea. Tatsächlich ist die polnische Erfolgsgeschichte gut mit der südkoreanischen vergleichbar: Seit einem Einbruch in den frühen 1990er Jahren ist die polnische Wirtschaft kontinuierlich gewachsen, teilweise um mehr als fünf oder sogar sieben Prozent im Vergleich zum Vorjahr. Seit den 1990er Jahren bis heute kann Polen auf einen der größten Zuwächse von Wohlstand weltweit verweisen. Dabei ist Polen

heute keineswegs mehr einseitig auf die deutsche Wirtschaft ausgerichtet oder einzig abhängig vom Export ins europäische Ausland. Sicher, Auslandsinvestitionen sind von herausgehobener Bedeutung für die polnische Wirtschaft; IT-Jobs, der wachsende Dienstleistungssektor, die wirtschaftliche Zusammenarbeit mit Ländern wie eben Südkorea, sei es bei Rüstungsgütern oder auch Kimchi, oder US-Investitionen im Tech-Sektor deuten auf einen weniger linearen Entwicklungsweg. Der Optimismus und der Konsum, die damit einhergehen, sind besser mit einer Wachstumsökonomie wie der Südkoreas zu vergleichen als mit dem weitgehend saturierten Nachbarn Deutschland. Im Übrigen sind die Bedrohung Südkoreas durch den aggressiven Nachbarn Nordkorea und die fatale demografische Situation des Landes zwei weitere Phänomene, die sich mit Polen vergleichen lassen.

Dass polnische Frauen noch weniger Kinder bekommen als deutsche spricht mithin nicht für den beschriebenen Optimismus, jene »Energie«, jenes »TKM«. Im Jahr 2022 lag die zusammengefasste Geburtenziffer (Geburten je Frau) in Polen bei gerade mal 1,26 (Tendenz fallend); in Deutschland lag sie bei 1,46. Es wäre verkürzt, hier auf eine »nachholende Entwicklung« zu verweisen oder in Bezug auf Wirtschaft und Konsum die polnische Gesellschaft als materialistische und die deutsche als postmaterialistische zu charakterisieren. Europäische Gesellschaften entwickeln sich nicht notwendigerweise linear, Polen heute ist keine Entsprechung der deutschen Wirtschaftswunderjahre und das Polen von morgen wird nicht das Deutschland von heute sein, das mit dem Erbe der Regierungsjahre von Angela Merkel und einer neuen, unsicheren Weltlage hadert. Polen zeigt – vielleicht – einen eigenen, neuen europäischen Entwicklungsweg eines Landes in einer Zeit der Unsicherheit auf.

Die polnische Gemengelage ist kompliziert und voller Widersprüche, hinsichtlich der Selbstwahrnehmung, aber auch im Verhältnis zu Deutschland. Deutschland hat sich aus polnischer Sicht in den vergangenen Jahren von einem Vorbild in Sachen wirtschaftliche Entwicklung, Verwaltung, Justiz und innere Sicherheit zu einem »significant other« entwickelt, ja teilweise zu einem abschreckenden Beispiel. Ambitionslosigkeit, Misserfolg und eine verfehlte Russlandpolitik stehen heute für Deutschland, so, wie die Begriffe »Exportweltmeister« und »Ordnung«. Das zeigen Langzeitstudien wie das Deutsch-Polnische Barometer des Deutschen Polen-Instituts; diese Entwicklung aber drückt sich auch politisch aus. Polen hat sich bei Großthemen wie der Energiepolitik, Migration und der Unterstützung der Ukraine von Deutschland entfremdet. In Berlin dachten Entscheider lange, dass das maßgebend an der PiS liege. Die Nationalkonservativen haben dem deutsch-polnischen Verhältnis bewusst und gezielt Schaden zugefügt, sie haben gegen Deutschland agitiert, ihre Medien Schreckensbilder von Deutschland verbreitet. Der Effekt ist, das zeigen Studien, messbar. Dass Gegensätze im deutsch-polnischen Verhältnis auch seit der Übernahme der Regierungsgeschäfte von Donald Tusk im Dezember 2023 nach wie vor bestimmend sind und sich Konflikte teilweise verschärft haben, spricht jedoch dafür, dass die Probleme tiefer liegen. Erstmals hat sich das deutsch-polnische Lehrer-Schüler-Verhältnis 2022 umgekehrt. Polen hat beherzt und entschieden auf Russlands Überfall reagiert, an erster Stelle mit Waffenhilfe, aber auch durch die Aufnahme von Millionen ukrainischer Flüchtlinge. Zu der Zeit sank das Vertrauen in die deutsche Politik in Polen auf einen Nullpunkt. Es wurde bis heute nicht vollständig wiederhergestellt. Unterschiedliche Grundsatzentscheidungen bei Rüstung, Energie und Migration tun ihren Teil. Mit wirtschaftlichem Erfolg tritt Polen selbstbewusster auf und artikuliert Politikziele deutlicher.

Eine andere Lehre in Zusammenhang mit den Regierungsjahren der PiS ist, dass die Politik der Partei keinen grundsätzlichen negativen Einfluss auf den Optimismus und den Erfolgswillen der Polen hatte. Die »Vereinigte Rechte«, wie die Koalitionsregierung unter der PiS genannt wurde, hatte Polen in Europa zwar politisch weitgehend isoliert und sich vor allem wegen des Justizumbaus in einen Dauerkonflikt mit der EU-Kommission und dem Europäischen Gerichtshof (EuGH) manövriert, es waren jedoch auch Jahre wirtschaftlicher Prosperität und Teilhabe weiterer Gesellschaftsschichten an Wohlstand. Das Kindergeldprogramm »500+« zum Beispiel, das später zu »800+«

aufgestockt wurde und 800 Zloty pro Monat pro Kind entspricht, war angedacht, um das eigene Milieu, die eigene Wählergemeinschaft, zu belohnen und zu binden. Es war und ist jedoch ein gewaltiges Konjunkturprogramm und hat den Konsum angekurbelt. Tusk, der vor 2015 einen solchen Schritt zur Umverteilung nicht gewagt hat, stellt das Programm heute, da er wieder regiert, nicht in Frage.

Die Massenproteste gegen den Justizumbau der PiS zuvorderst in den ersten Regierungsjahren, später der »Schwarze Protest« gegen eine weitere Verschärfung des Abtreibungsrechts sowie andere Demonstrationen gegen den Staatsumbau von Kaczyński und seinen Leuten sind kein Zeichen für einen Massenexodus der liberalen Mittelschicht gewesen. Polen hat in den acht ideologisch bleiernen Jahren der PiS einen parallelen Entwicklungsweg beschritten, ja das Land hat sich in Teilen gar vom einstigen Vorbild Deutschland emanzipiert, aus den Fehlern des großen westlichen Nachbarn gelernt und versucht, dies in praktische Politik zu übersetzen. Es lässt sich sagen: Polen ist für das digitale Zeitalter besser aufgestellt als Deutschland, die »junge« polnische Wirtschaft dürfte zügiger auf tektonische Verschiebungen der Weltwirtschaft reagieren als die deutsche; aus energie- und migrationspolitischen Fehlern Berlins hat Warschau ebenfalls Schlüsse gezogen: Das bloße Ausrichten der Energiewirtschaft auf erneuerbare Energiequellen setzt einer Volkswirtschaft zu sehr zu, die Abhängigkeit von Rohstoffen aus Russland ist eine wirtschaftspolitische, vor allem aber eine sicherheitspolitische Gefahr – die Nord Stream-Pipelines waren eben kein allein wirtschaftliches Projekt – und das Ignorieren oder Kleinreden von Problemen beim Thema Migration verschärft gesellschaftliche Konflikte, stärkt extreme Parteien und führt zu einer Erosion innerer Sicherheit. Das spielt Europa feindlich gesinnten Akteuren in die Hände. Diese Wahrnehmung deutscher Fehler oder Lebenslügen – es lässt sich nicht oft genug sagen – ist nicht an die PiS oder die seit einem Jahr regierende Bürgerkoalition (Koalicja Obywatelska, KO) von Tusk gebunden. Sie hat sich parteiübergreifend durchgesetzt.

Es entbehrt dabei nicht einer gewissen Ironie, dass Polens wirtschaftlicher Aufstieg und sein politischer Prestigegewinn seit dem Ende der Regierungszeit der PiS mit Deutschlands wahrgenommenem, relativen Abstieg korreliert. Es ist nicht alles schwarz oder weiß und die Schadenfreude einiger Polen über die deutsche Situation ist nicht angemessen; schon aus Selbstschutz ist davon abzuraten, beide Wirtschaften sind eng miteinander verbunden. So berechtigt die polnische Kritik an deutscher Politik sein mag, wäre es verfrüht, Deutschland abzuschreiben. Es sei an dieser Stelle an ein Interview des polnischen Schriftstellers Jacek Dehnel in der polnischen Ausgabe von Newsweek im Oktober vergangenen Jahres erinnert. Dehnel zieht darin über Berlin her und erklärt damit, warum er aus der deutschen Hauptstadt weg und zurück nach Polen zieht. Seine Aussagen zeugen von Unkenntnis über deutsche Lebensrealitäten und einer himmelschreienden Arroganz. In ihrer Provinzialität erinnern sie an Aussagen von Deutschen über die USA. Wenn Deutsche in den 1990er oder 2000er Jahren von einer USA-Reise zurückkehrten, äußerten sie sich gerne verächtlich über die verfallende

Schriftsteller Jacek Dehnel verlässt Berlin

»Ich verlasse Berlin«, sagt Jacek Dehnel, einer der bekanntesten zeitgenössischen polnischen Schriftsteller, und kehrt nach fünf Jahren in Berlin mit seinem Mann nach Polen zurück.

Jacek Dehnel: »Diejenigen, die in den 1980er, 70er und 60er Jahren hierherkamen, sind ganz erstaunt über unsere Erfahrungen. Sie sagen: Das ist doch nicht möglich, dass so etwas passiert. Aber all das passiert doch. Nur, sie haben bestimmte Prozesse vor Jahrzehnten durchlaufen, sie sind einfach an einem anderen Punkt. Das ist so, als ob ich erklären würde, wie es heutzutage ist, sich in Polen zu outen, obwohl es bei mir 25 Jahre her ist. (...) Ich bin es leid, mit den deutschen Behörden zu tun zu haben. Es war schön, aber Berlin ist keine Stadt, in der man dauerhaft leben kann. Mobbing ist nicht nur Aggression, es ist eine Art Mikroaggressionssyndrom, das sehr lange anhält. Die Deutschen sind von ihrem eigenen Staat, ihrer eigenen Gesellschaft so geprägt worden, dass sie das für normal halten.«

Nach https://www1.wdr.de/radio/cosmo/
Übersetzt mit DeepL.com (kostenlose Version)

Infrastruktur in den USA, die Essgewohnheiten der Einheimischen oder das Unwissen der Amerikaner über Europa. Das taten sie im Wissen darüber, dass US-Universitäten, Forschungseinrichtungen und bestimmte Unternehmen immer noch die Spitze des Fortschritts darstellten. Arroganz und ein Minderwertigkeitskomplex standen in dem Fall auf derselben Seite. Das deutsch-amerikanische Verhältnis und deutscher Antiamerikanismus sind ein anderes Fass und nicht so einfach auf das deutsch-polnische Verhältnis zu übertragen. Und trotzdem: Widersprüche auszuhalten ist eine Disziplin für sich. Dehnel muss man dennoch dankbar sein. Seine gehässigen, enttäuschten Aussagen über Berlin sind nicht grundsätzlich falsch, das Interview in der Newsweek ist eine Polemik, die eine Tendenz anzeigt. Online wurde das Interview massenweise geteilt und kommentiert. Das geschah entweder, weil die Leser von seinen Thesen überrascht waren, oder weil sie ihnen zustimmen konnten. Die Tendenz ist: Polen strahlt heute eine »Energie« aus, die es so woanders in Europa nicht gibt, erst recht nicht in Deutschland. Das Land bietet nach Jahren des Wachstums Chancen, der erarbeitete Wohlstand wird genossen. Europa kann dankbar für den Wachstumsmotor Polen sein und täte vielleicht sogar gut daran, ein bisschen polnischer zu werden.

PHILIPP FRITZ ist Auslandskorrespondent für Welt und Welt am Sonntag. Sein Berichtsgebiet sind Polen, Tschechien, die Slowakei, Ungarn und die baltischen Staaten. Er hat Politikwissenschaft und Kulturwissenschaften in Berlin, Bremen und Krakau studiert.

Zofia Oslislo-Piekarska

Die Vergangenheit erschürfen: Steinkohle als Identitätsstiftung

Kohlenstoff gehört als eines der am weitesten verbreiteten Elemente auf der Erde zu den chemischen Grundlagen des Lebens. Im menschlichen Körper steht er gleich nach dem Sauerstoff an zweiter Stelle und ist in allen lebenden Organismen und deren Überresten zu finden. Die Steinkohle, auch als »schwarzes Gold«, »schwarzer Diamant« oder »unterirdischer Schatz« bekannt, war eine der wichtigsten Triebfedern der Industriellen Revolution. Die aus dem »Karbonwald« in Oberschlesien stammenden Kohlevorkommen waren die Ursache für den Aufschwung und den späteren Niedergang dieser Region und prägten damit für immer die Landschaft und das Leben ihrer Bewohner und Bewohnerinnen. In Oberschlesien taucht selbst im Wald immer irgendwo am Horizont ein Schacht oder ein Schornstein auf. Die Landschaft ist geprägt von den Spuren intensiver menschlicher Tätigkeit: Erdsenken, abgestorbene Wälder, die durch Absacken des Geländes geflutet wurden, künstliche Berge, das heißt Halden, die früher schwarz waren und heute größtenteils vom Grün überwuchert sind, das sich sprießend den Raum zurückholt, der ihm einst genommen wurde. Ein dichtes Netz von Eisenbahnlinien, die für den Transport der Kohle aus den Bergwerken gebaut wurden, durchschneidet die reizvolle Naturlandschaft. Die allgegenwärtigen Spuren der Kohle finden sich an rußbedeckten Häusern, grau gewordenen Gardinen und dem Smog in der Luft. Heute berechnen wir den Fußabdruck der Kohle und versuchen, diesen zum Wohl des Klimas zu verringern. Immer weniger Menschen arbeiten in den Bergwerken, und der Kontakt mit dem Werkstoff Kohle, selbst als Brennmaterial, wird immer seltener. Dennoch spüren wir alle die Folgen der Industriellen Revolution und des Klimawandels. Wir sprechen über die Kohle, obwohl wir sie kaum noch anfassen, sie ist in die Sphäre des Symbolischen gerückt.

INDUSTRIELLE REVOLUTION UND TRANSFORMATION

Die Anfänge der Massenproduktion von Alltagsgegenständen, das heißt der industriellen Formgebung oder des Designs, fielen in Oberschlesien mit der Industriellen Revolution zusammen. In ihrem Buch *Ikonen des Designs in der Woiwodschaft Schlesien* betont die Kattowitzer Kunsthistorikerin Irma Kozina, dass die Traditionen der

Das Schlesische Museum in der ehemaligen Grube »Katowice«

Region in diesem Bereich bis ins 18. Jahrhundert zurückreichen. Gestaltet wurden in dieser Industrieregion nicht nur Gegenstände, sondern auch Arbeitsstätten, Arbeitersiedlungen und sogar die Alltagskultur.[1] Der natürliche Rhythmus der Dorfbewohnerinnen und -bewohner von früher, der auf dem Wechsel von Tages- und Jahreszeiten beruhte, wurde durch das von der Uhr diktierte System der Schichtarbeit ersetzt. Die Beschäftigung in einer Fabrik aufzunehmen, war daher nicht nur mit einem Wechsel des Wohnorts, sondern auch mit einer Veränderung der Lebensweise verbunden.

Mit der Aufteilung des Tags in Arbeitszeit und Freizeit entwickelten sich Formen der Freizeitgestaltung, die für die Bergbaukultur charakteristisch waren. Bergwerke und

1 Vgl. auch: Beata Piecha-van Schagen, Beate Störtkuhl: Oberschlesische Arbeitersiedlungen um 1900 als Räume sozialer Kontrolle. In: JAHRBUCH POLEN 2021 Oberschlesien, S. 239–254.

andere Arbeitsstätten unterstützten häufig die Freizeitaktivitäten ihrer Mitarbeiter, indem sie etwa Probenräume für Bergmannschöre und -orchester zur Verfügung stellten. Beliebte Hobbys der Bergleute waren Musizieren, Kohleschnitzerei, Malen und die Aufzucht von Kleintieren wie Tauben und Kaninchen. Diese Aktivitäten wurden Teil einer Tradition, die von Generation zu Generation weitergegeben wurde. Mit der Schließung der Bergwerke in der Transformationszeit nach 1990 änderte sich nicht nur die Form der Arbeit, sondern es verschwanden auch Elemente der bisherigen Bergbaukultur. Mit dem gefährlichen Beruf des Bergmanns verbanden sich ein gewisser Stolz und ein hoher sozialer Status, dessen Verlust von den in den 1990er Jahren massenhaft Entlassenen schmerzlich empfunden wurde.

Für die von der Industriellen Revolution geprägten Orte ist – angesichts des Niedergangs dessen, was sie hervorgebracht hat – die Phase der Transformation besonders schmerzhaft. Werkstätten, Fabriken und Städte, die für bestimmte Aufgaben präzise konzipiert wurden, verlieren auf einmal ihre Funktion, bleiben ungenutzt und stehen leer. Sie umzugestalten und mit neuen Inhalten zu füllen, ist ein langwieriger und komplexer Prozess. Dieser findet nicht nur auf architektonischer und städtebaulicher Ebene statt, sondern auch – und vielleicht vor allem – auf der Ebene der Identität.

Andererseits bietet sich den postindustriellen Städten eine einzigartige Chance, sich neu zu erfinden. Sie erobern sich ganze Viertel attraktiver Flächen zurück, oft gerade mitten in den Zentren, die bis dahin von der Industrie genutzt wurden. Auf dem Gelände des ehemaligen Steinkohlebergwerks Katowice (ehemals Ferdinandgrube) ist eine Kulturstätte mit den ikonischen markanten Gebäuden des Internationalen Kongresszentrums, dem Sitz des Nationalen Symphonieorchesters des Polnischen Rundfunks und dem größtenteils unterirdisch angelegten Schlesischen Museum entstanden. In Chorzów wurde im revitalisierten Gebäude des historischen Kraftwerks von 1895 auf dem Gelände des ehemaligen Stahlwerks Kościuszko (ehem. Königshütte/Huta Królewska/Huta Piłsudski) das Museum für Hüttenwesen angesiedelt. Die Behörden dieser und anderer oberschlesischer Städte haben beschlossen, einen radikalen Kurswechsel vorzunehmen und sich an den neuesten Modellen für eine nachhaltige Entwicklung sowie einer wissens- und dienstleistungsbasierten Wirtschaft, den Tourismus eingeschlossen, zu orientieren. Die Revitalisierung ist jedoch nicht alles; es ist auch wichtig, die alltäglichen Abläufe effektiver zu gestalten und die Lebensqualität der Einwohner zu verbessern. Diesem Zweck dienen Projekte wie die Stadtinformationssysteme, die kürzlich in Rybnik und Kattowitz (Katowice) umfassend geplant und eingeführt wurden. Eine zentrale Aufgabe der Behörden sollte die intensive Bekämpfung des Smogs und die Verbesserung der Luftqualität werden. Alle Einwohnerinnen und Einwohner, vor allem aber die Fachleute, sollten die verfügbaren Instrumente optimal nutzen, um eine Gemeinschaft zu schaffen, die (ohne Ressentiments) auf ihre Wurzeln in der Region und ihre Vergangenheit stolz sein kann, die Verantwortung übernimmt und sich um ihre Heimat kümmert.

DIE ORTSKULTUR PRÄGT DIE IDENTITÄT

Für Tadeusz Sławek, Literaturwissenschaftler und Forscher zu Oberschlesien, »gewinnt der Mensch sowohl als autonomes Individuum als auch als Teil einer Gemeinschaft seine Identität im Dialog mit dem Ort, an dem er wohnt«. Der Ort beeinflusst uns und hinterlässt seine Spuren. Wir dürfen jedoch nicht vergessen, dass nicht nur der Ort uns prägt, sondern auch wir seine Form beeinflussen. Darüber hinaus erinnert Tadeusz Sławek daran, dass wir für diesen Ort Sorge tragen sollten, sowohl im Hinblick auf das Heute als auch auf das Morgen, indem wir uns um ihn kümmern, hier und jetzt in unserem eigenen Leben wie auch im Hinblick auf das Leben künftiger Generationen. Die Pflege eines Orts ist untrennbar mit einem Gefühl der Geborgenheit und Zugehörigkeit verbunden. Man könnte meinen, dass die Menschen, die in Oberschlesien leben, sich aufgrund der Irrungen und Wirrungen der Geschichte nicht immer hier zu Hause fühlen. Wie Aleksandra Kunce betont, zeichnen sich die Region und ihre Bewohnerinnen und Bewohner trotz ihrer schwierigen Geschichte durch Offenheit aus, wobei sie sich zugleich ihrer Eigenheit bewusst sind. Migrationsbewegungen und vielfältige Einflüsse haben die Besonderheit dieses Orts wesentlich geprägt. Der Dialog mit Oberschlesien findet immer in mehreren Sprachen zugleich statt.

Aleksandra Kunce stellt fest, dass »das Markenzeichen Schlesiens die Idee der Verwurzelung ist«. Für die Oberschlesier und Oberschlesierinnen war die Beziehung zu ihrem Boden als konkretem Ort schon immer stärker als die Bindung an eine Nation oder einen Staat. Das Haus und seine nächste Umgebung sind eine äußerst starke Symbolfigur in der oberschlesischen Kultur – ein sicherer, vertrauter, aber auch mythologisierter Ort. Was das Haus mit der Welt verbindet, ist das Fenster, durch das wir den Kontakt zur Realität aufrechterhalten, während wir uns in diesem Haus aufhalten. Die Beobachtung setzt eine Distanz zur Außenwelt voraus, die sich durch die Erfahrung der Geschichte erklären lässt: der häufige Wechsel von Grenzen und staatlicher Zugehörigkeit führte zu einem gewissen Misstrauen und einer Passivität gegenüber dem, was draußen ist. Die Welt außerhalb des Fensters wurde als unbeständig und wechselhaft wahrgenommen. Was Bestand hatte, waren die Familie und die lokale Gemeinschaft sowie ganz konkret das »Familok«, das charakteristische oberschlesische Mietshaus, sowie der Hof, die Straße, das Bergwerk, die Fabrik.

Paradoxerweise ist die heutige Situation ähnlich, obwohl die Gründe für die Unbeständigkeit und Wechselhaftigkeit der Außenwelt andere sind. Die Suche nach dem eigenen Platz und die Entdeckung der eigenen Wurzeln sind letztens gewissermaßen in Mode gekommen. Die Identität ist zu einer Frage der persönlichen Entscheidung geworden, was die Menschen ermutigt hat, ihre Wurzeln zu erforschen und eine Verbindung zu ihrem Heimatort aufzubauen. Dank unbegrenzter Reisemöglichkeiten und des Zugangs zum Internet haben sich die Grenzen unserer Welt erweitert, was teilweise zu einer Vereinheitlichung der Kulturen geführt hat. Ein Wohnortwechsel

oder eine Reise bewirken oft eine Reflexion über die eigene Identität und lösen den Wunsch aus, in den »eigenen« Raum zurückzukehren, der oft auch ein mythischer ist.

Oberschlesien besitzt als eigenständige Region eine ausgeprägte Identität, die sich von anderen Regionen Polens unterscheidet. Bei der Festigung dieser Identität im kollektiven Bewusstsein spielte und spielt die Kultur eine wichtige Rolle. Literatur, Film und Theater dienen als Quellen von Erzählungen und Mythen, die oft, wenn auch nicht immer, mit Stereotypen über die Region einhergehen. Michał Smolorz hat die Entstehung der oberschlesischen Mythologie in seinem Buch *Śląsk wymyślony* [Erfundenes Schlesien] detailliert beschrieben und die kulturellen Phänomene, die auf die Identitätsbildung der Oberschlesier im 20. Jahrhundert sowie die Wahrnehmung der Region in anderen Teilen Polens, insbesondere nach 1945, einwirkten, akribisch analysiert.

Für den wichtigsten Mythenbildner hält Smolorz Kazimierz Kutz, den Schöpfer der oberschlesischen Filmtrilogie mit den Filmen *Sól ziemi czarnej* [Salz der schwarzen

Erde], *Perła w koronie* [Die Perle in der Krone] und *Paciorki jednego różańca* [Perlen eines Rosenkranzes]. Smolorz zufolge hat Kutz im kollektiven Bewusstsein den Archetyp des Oberschlesiers geprägt: als Bergmann, Arbeiter, Aufständischer oder Bewohner eines »Familok«. Für Smolorz sind die charakteristischen Merkmale der Bewohnerinnen und Bewohner dieser Region Fleiß, Ehrlichkeit, Sauberkeit, ein praktischer und echter Patriotismus sowie eine lebendige katholische Religiosität. Ilona Copik hingegen betont bei der Analyse von Kutz' Werk, dass dieser es sich zur Aufgabe gemacht habe, Oberschlesien auf der Leinwand zu repräsentieren und im kulturellen Raum zu verankern. Er erzähle aus einer peripheren, provinziellen Perspektive und vertrete dabei die Stimme der Arbeiterklasse und der unteren sozialen Schichten, denen er selbst entstamme, so die Filmwissenschaftlerin. Einzigartig in Kutz' Werk sei die Verwendung realer Landschaften und sogar des Dokumentarischen, wie im Fall von *Paciorki jednego różańca*, wo der reale Abriss der Arbeitersiedlung Gischenwald (Giszowiec) in Fotografien festgehalten wird. *Paciorki* ... ist ein besonderer Film, der die Geschichte einer Entwurzelung erzählt, welche nicht nur das alte Stadtgefüge zerstört, sondern vor allem die zwischenmenschlichen Beziehungen, das Heimatgefühl und die althergebrachten Lebensweisen der Bewohnerinnen und Bewohner der Arbeitersiedlungen.

Mit dem von Kutz geschaffenen Archetypen des Oberschlesiers müssen sich spätere Autorinnen und Autoren auseinandersetzen, die neue Narrative für Oberschlesien schaffen wollen. Smolorz erklärt, dass die Filme von Kutz in ein echtes Vakuum und auf den fruchtbaren Boden einer Gesellschaft stießen, die keinerlei regionale Expertise besaß und ihr Wissen aus unvollständigen mündlichen Überlieferungen bezog. Dadurch sprachen sie eine Gemeinschaft an, die nach dem Krieg Schwierigkeiten hatte, sich in der neuen Realität zurechtzufinden und ihre eigene Identität zu definieren. Die künstlerische Vision von Kutz ist ein bestimmter Ausschnitt der Realität, ihre Metapher, aber diese war so suggestiv, dass die Landsleute des Regisseurs begannen, sie auch in dokumentarischen Kategorien wahrzunehmen.

Es scheint, dass heute versucht wird, diesem Mythos die Stirn zu bieten. Doch das ist eine sehr schwierige Aufgabe, da er allgemein verbreitet ist und die Aktivitäten zur Förderung alternativer Narrative lokal begrenzt sind. Ein Medium, das versucht, andere Facetten in der Geschichte der Region zu entdecken und öffentlich zu machen, ist das Theater. Eine der wegweisenden Inszenierungen war *Cholonek* (2004) unter der Regie von Mirosław Neinert und Robert Talarczyk nach dem gleichnamigen Roman von Janosch (Horst Eckert), inszeniert vom Korez-Theater. Es zeigt, ohne zu beschönigen, das Schicksal der Oberschlesier und Oberschlesierinnen als Menschen, die zwischen Polen und Deutschland, zwischen Wachen und Träumen leben, und offenbart ihren atavistischen Instinkt, selbst unter den ungünstigsten Umständen zu überleben. Noch mehr Kontroversen weckte *Miłość w Königshütte* (Liebe in Königshütte, 2012), das auf dem Theaterstück von Ingmar Villqist basiert und vom Polnischen Theater in Bielsko-Biała inszeniert wurde. Die einen lobten es für seinen Mut und seine Tabubrüche, andere bezeichneten es als Manipulation und Verbrechen gegen das polnische Volk.

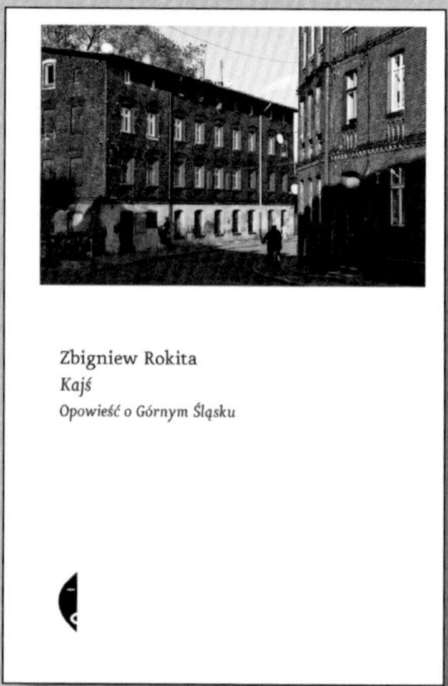

Szczepan Twardoch gehört trotz regionaler Verwurzelung zu den bekanntesten polnischen Autoren. Zbigniew Rokitas Buch ist eine Art Biografie Oberschlesiens, die landesweiten Erfolg feierte.

Der wichtigste Nebeneffekt der Aufführung war wohl die begleitende Diskussion, die die Aufmerksamkeit auf die Komplexität der lokalen Geschichte lenkte. Die dritte oberschlesische Produktion ist eine Adaption von Kazimierz Kutz' Debütroman *Piąta strona świata* [Die fünfte Seite der Welt], die 2013 unter der Regie von Robert Talarczyk am Schlesischen Theater in Kattowitz uraufgeführt wurde. Während *Cholonek* das Gewissen der Oberschlesier aufrütteln sollte, was nicht ganz gelang, da sie das Stück einfach liebten, bestand die Aufgabe von Kutz´ Roman darin, ein ganz anderes Oberschlesien zu zeigen – ein magisches, kein reales. Das Schlesische Theater, das seit 2013 unter der Leitung von Robert Talarczyk steht, verfolgt engagiert ein regionales Programm und geht mit dem Adjektiv »schlesisch« in seinem Namen verantwortungsvoll um. Neben Stücken mit universellen Themen widmet sich ein Teil des Repertoires jedes Jahr lokalen Themen. Der Direktor, der auch selbst Regie führt, stellt in dem sehr populären Stück *Skazany na bluesa* (Verdammt zum Blues, 2014) über Rysiek Riedel eine Kultfigur der Region vor, setzt sich in *Hotel Korfanty* (2023) mit der vielschichtigen Vergangenheit auseinander oder lässt in dem Musikspektakel *Korfanty. Rebelia!* (Korfanty. Rebellion!, 2024) historische Ereignisse in einem neuen Licht erscheinen, wobei er moderne Ausdrucksmittel für das heutige Publikum verwendet.

Als Vehikel für regionale Inhalte bewahrt das Theater auch den lokalen Ethnolekt als lebendiges Wort. In einigen der oben genannten Stücke bedienen sich ausgewählte Charaktere der »Godka«, der schlesischen Volkssprache, und in der diesjährigen Produktion *Godej do mie* (Sprich zu mir, 2024) »babbeln« die Protagonisten, ohne historische Kostüme zu tragen und beweisen damit, dass Oberschlesisch eine lebendige Sprache von heute ist. Großer Beliebtheit erfreut sich auch der Wettbewerb für einen *Einakter auf Schlesisch*, der seit 2011 kontinuierlich von der Lokalredaktion der GAZETA WYBORCZA in Zusammenarbeit mit der »Kulturzone Kattowitz–Stadt der Gärten« veranstaltet wird. Die Teilnehmer tragen mit ihren neuen Werken zum wachsenden Interesse an der »Godka« bei.

Auch im Bereich der Literatur hat es in den letzten Jahren einen Aufschwung gegeben. Autorinnen und Autoren von Reportagen über Oberschlesien bedienen sich nicht mehr der romantischen Sprache des magischen Realismus oder erschaffen Mythen, sondern erforschen die wahre, dokumentierte und oft unbequeme Geschichte der Region. Zbigniew Rokitas mit dem Nike-Preis ausgezeichnetes Buch *Kajś* [Irgendwo, 2020] befasst sich mit autobiografischen Themen, legt die Identität des Autors durch dessen Familiengeschichte offen und fügt der Erzählung der unverfälschten und facettenreichen Geschichte Oberschlesiens einen weiteren Baustein hinzu. Agata Listoś-Kostrzewas *Ballada o śpiącym lwie* [Ballade vom schlafenden Löwen, 2021] bringt der Leserschaft die Geschichte von Beuthen (Bytom) näher, der Stadt, die am meisten unter dem Raubbau der Bergbauindustrie gelitten hat und die bis heute mit enormen sozialen Problemen zu kämpfen hat. Anna Malinowskas *Od Katowic idzie słońce* [Die Sonne kommt von Kattowitz, 2022] hingegen ist die ebenso kritische wie feinfühlige Erzählung einer Einwohnerin über Kattowitz, die anhand der Geschichten ausgewählter Personen verfasst ist und auch schwierige Themen und persönliche Perspektiven nicht scheut. Alle diese Reportagen sind ein Versuch, nach der zeitgenössischen Identität eines Oberschlesiens zu suchen, das sich neu erfinden muss.

KOHLE IN DESIGN UND KUNST

Als ein Material voller symbolischer Bedeutungen mit stark positiven und negativen Konnotationen verfügt Kohle über eine hohe Symbolkraft, die von Kunstschaffenden erfolgreich genutzt wird. Der Beuthener Künstler Łukasz Surowiec wollte den sozialen Aspekt der Stilllegung von Industrieanlagen in seiner Stadt einem breiteren Publikum nahebringen. Für sein Projekt »Black Diamonds« lud er 2013 eine Gruppe arbeitsloser Bergleute ein, eine symbolische Tonne Kohle in Diamantkristalle zu verwandeln. Die geschliffenen Stücke wurden dann an einem speziell eingerichteten Schmuckstand im größten Einkaufszentrum der Region, dem Silesia City Center, verkauft. Das Projekt brachte die Bergleute zurück in die Arbeit mit einem bestens bekannten Material, indem es ihnen eine vorübergehende Beschäftigung und Einkommensquelle verschaffte. Der Künstler trat in einen Dialog mit der Industriegeschichte Oberschlesiens und stellte dabei die Frage nach dem Einfluss von Kunstschaffenden auf gesellschaftliche Prozesse und ihrer Rolle darin.

Auch Designerinnen und Designer nutzen das Material Kohle und schaffen mit ihm Objekte, die symbolisch auf die Industriegeschichte der Region verweisen. Das Studio Brokat, das von den beiden Architektinnen Bogna Polańska und Roma Skuza in Zusammenarbeit mit der Designerin und Industriedesignerin Kaja Nosal gegründet wurde, brachte 2012 ein neues Produkt auf den Markt: Schmuck aus Kohle. Bei der Nutzbarmachung des Materials half ihnen ein gewisser Herr Czesław aus der Arbeitersiedlung Nikiszowiec (Nikischschacht), ein pensionierter Bergmann des Steinkohlebergwerks Wieczorek, außerdem Bildhauer und Mitglied der Janowska-Gruppe. Die erste Kollektion »Hochglance« war ein großer Erfolg und wurde beim 18. Wettbewerb »Architektur des Jahres« der Woiwodschaft Schlesien in der Kategorie »Kleine Formen« und ein Jahr später beim Wettbewerb »Must Have!« auf dem Lodz Design Festival prämiert. Der handgefertigte Schmuck wird bis heute im In- und Ausland verkauft. Die Gründerinnen betonen, dass ihre Idee nicht neu war; schon vorher hatten viele Leute versucht, Schmuck aus Kohle herzustellen. Was ihrer Meinung nach zum Erfolg beitrug, war die sehr einfache Form und die dezente Kombination von Kohle und Silber, die durch ihre natürliche Schönheit bestachen. In den neuen Kollektionen von Brokat geht Kohle eine Verbindung mit Gold, Perlen (»Mesalliance«) und anderen Halbedelsteinen (»Halb und Halb«) ein. Die Kollektion »Galanda«, die überhaupt keine Kohle enthält, verweist wiederum auf die traditionelle oberschlesische Tracht. Alle Formen sind geprägt durch das moderne Gespür der Designerinnen.

Im Jahr 2012 organisierten Marta Frank und Marcin Babko 320 Meter unter der Erde die Kunst- und Designmesse »Silos Falami Fest«. Die unterirdischen Gänge des ehemaligen Bergwerks Guido in Zabrze verwandelten sich in eine Messe für lokales Kunsthandwerk. Um für die Veranstaltung zu werben, schuf die Designerin ein einzigartiges Produkt: eine Seife in Form eines Kohleklumpens mit dem Namen »Sadza soap« (Ruß-Seife). Sie verwendete dafür pulverisierte Aktivkohle und eine handgefertigte Form. Während der Messe war der Bestand innerhalb weniger Stunden ausverkauft, was Frank dazu veranlasste, die Idee zu patentieren und die Produktion in größerem Maßstab aufzunehmen. Die Seife sieht nicht nur originell aus, sondern besitzt auch andere Qualitäten: Sie ist ökologisch, sehr gut hautverträglich und wird vor Ort hergestellt. Seinen großen Erfolg verdankt das Projekt einer ausgezeichneten Idee und einer gelungenen Form. Es ist gleichermaßen funktionell wie witzig, »sieht dreckig aus, macht aber sauber!«, wie der Werbeslogan auf der Verpackung verkündet. Interessanterweise wurde das Gadget auch in anderen postindustriellen Regionen begeistert angenommen – in Frankreich wird es unter anderem im Kohlemuseum von Saint-Étienne verkauft.

»GRIFFIGES« SCHLESISCH

2011 gründeten Klaudia und Krzysztof Roksela »Gryfnie«, eine der bekanntesten Marken für lokale Produkte. Ihr Hauptziel war von Anfang an die Förderung der »Godka«, des oberschlesischen Ethnolekts. Zwar gibt es mehrere Vereine mit einer

"BEBOK"

»Godka«-Anhängerschaft, doch erst dem Projekt »Gryfnie« ist es gelungen, die junge Generation für die Lokalsprache zu begeistern und sie zu einem Trend der Popkultur zu machen. Für ihre Werbung nutzten die Macher des Projekts geschickt das Internet, insbesondere die sozialen Medien. Auf der Website gryfnie.com und auf Facebook wird die »Godka« auf eine Weise beworben, die die Generation der 20- bis 30-jährigen anspricht. Erklärtermaßen soll es dabei nicht um Politik gehen, und auch die Folklore als Symbol für Rückständigkeit und Engstirnigkeit wird gemieden. Die Unternehmensgründer wollten eigenen Angaben zufolge »nicht in der Vergangenheitsform über Oberschlesien sprechen«, sondern es ging ihnen um ein modernes Design und qualitativ hochwertige Produkte. Die Rokselas arbeiten mit Illustrator:innen und Designer:innen aus der Region, aber auch mit welchen aus Warschau zusammen. Ihre T-Shirts nähen sie in Polen und verwenden dafür lokale Materialien. Neben der Produktion von Gadgets betreiben sie auch Bildungsprojekte, entwickeln etwa ein oberschlesisches Wörterbuch, Lernspiele und Filme, in denen Oberschlesier in ihrer Sprache über ihre Arbeit sprechen. Darüber hinaus enthält die Homepage von »Gryfnie« Artikel über regionale Kulturveranstaltungen, die natürlich im oberschlesischen Ethnolekt verfasst sind. »Gryfnie« ist nicht mehr nur ein Portal, ein Online-Shop und ein Laden, sondern eine echte oberschlesische Marke und ein wichtiger Kulturort auf

der Landkarte der Woiwodschaft. Das Unternehmen, das von Anfang an im Home-Office geführt wurde, ist gewachsen und hat viele Mitarbeiter und Mitarbeiterinnen, mit denen es die einzelnen Projekte durchführt. Dank Initiativen wie »Gryfnie« wird Oberschlesien nicht mehr mit billigem Schund, Kirmes und etwas Verstaubtem und aus der Mode Gekommenem assoziiert. Das Projekt hat in ganz Polen Popularität gewonnen, und die T-Shirts mit oberschlesischen Wörtern werden auch gern von Leuten in Warschau oder Breslau (Wrocław) getragen, die nicht unbedingt blau-gelbe T-Shirts mit der Aufschrift »Oberschlesien« tragen würden.

ZUM SCHLUSS – WIE GEHT ES WEITER?

Der größte Boom in der Produktion von regionalen Gadgets, der zwischen 2010 und 2015 zu beobachten war, ist bereits vorbei. Unternehmensgründungen wie »Brokat«, »Sadza Soap« oder »Gryfnie« haben sich jedoch auf dem Markt behauptet, ihre Produkte sind zu einem festen Bestandteil des Repertoires an Designer-Souvenirs aus der Region geworden. Oberschlesien ist unverwechselbar und sich seiner Eigenheit bewusst; gut, dass lokale Produkte normal geworden und keine Ausnahme mehr sind. Trotzdem bleibt festzuhalten, dass der Trend, sich vom Oberschlesischen inspirieren zu lassen, nicht nur eine bestimmte Etappe in der Entwicklung des lokalen Designs darstellt, sondern vor allem wichtig ist bei der Prägung von Mustern für die Generation der heute 20- bis 30-Jährigen, die frei von Komplexen und stolz auf ihre Heimat sind. Dank der Überwindung von Stereotypen und Traumata, die großenteils der Kultur zu verdanken ist, haben die Bewohner der Region sozusagen eine Psychotherapie absolviert und sich einer symbolischen Reinigung unterzogen. Unbelastete, selbstbewusste und verantwortungsvolle Menschen wollen Orte schaffen, an denen es sich gut leben lässt – das ist die zeitlose und universelle Dimension des Interesses am Lokalen. In Oberschlesien ist Raum zum Handeln und Arbeiten für diejenigen, die sich nicht scheuen, die Rolle von Pionieren zu übernehmen – so wie in der Blütezeit der Region in der Industriellen Revolution. Wobei es unsere gemeinsame Aufgabe bleibt, CO2-Emissionen und Smog zu begrenzen – für uns und künftige Generationen.

Aus dem Polnischen von Ulrich Heiße

Literatur

Tadeusz Sławek: Wstęp [Einführung]. In: Aleksandra Kunce, Zbigniew Kadłubek (Hrsg.): Myśleć Śląsk: wybór esejów [Schlesien denken. Ausgewählte Essays], Katowice 2007.
Aleksandra Kunce: Tożsamość i postmodernizm [Identität und Postmoderne], Warszawa 2003.
Aleksandra Kunce: Co nam się udało po 1989 roku [Was uns nach 1989 geschah]. In: Kwartalnik Fabryka Silesia, 2013, Nr. 2.
Aleksandra Kunce: Dom na szczytach lokalności [Ein Haus am Scheitelpunkt des Orts]. In: Tadeusz Sławek, Aleksandra Kunce, Zbigniew Kadłubek (Hrsg.): Oikologia. Nauka o domu [Oikologia. Eine Wissenschaft des Zuhauses], Katowice 2013.
Michał Smolorz: Śląsk wymyślony [Erfundenes Schlesien], Katowice 2012.
Ilona Copik: Ostatni bastion śląskości? – repetycje z twórczości Kazimierza Kutza [Die letzte Bastion des Schlesientums? Repetitionen aus dem Werk von Kazimierz Kutz]. In: Studia Śląskie 84 (2019), S. 91–103.

ZOFIA OSLISLO-PIEKARSKA studierte Grafikdesign und Kulturwissenschaft in Katowice und Reading. Sie arbeitet als Dozentin an der Kunstakademie in Katowice, darüber hinaus entwirft sie Buchcovers und Schrifttypen. Sie beschäftigt sich vielfach mit der regionalen Identität in Oberschlesien.

PRACOWNIABROKAT.PL

Als wir nach einem passenden Geschenk aus Oberschlesien suchten, wussten wir, dass es etwas sein muss, das typisch für unsere Gegend ist.

Wir begannen, Produkte aus Kohle herzustellen. Das erste Projekt war jedoch kein Schmuck, sondern eine Lampe. Bald aber entdeckten wir, dass »das schwarze Gold« ein dankbares Schmuckmaterial darstellt. Schmuck aus Kohle – das war der Hit! Handlich und dazu noch ein ausgesprochen oberschlesisches Geschenk! Wir verloren uns in der Arbeit. Von dem Schmuck aus Kohle träumten wir nicht nur in der Nacht, wir arbeiteten ganze Nächte durch, voller Leidenschaft und Elan, voller Willen, die Liebe zur Region in die ganze Welt zu exportieren! So entstand unsere Firma Brokat.

Nach https://pracowniabrokat.pl/sklep-kolekcja/klasyczna/

Olga Drenda

Das Unglaubliche – ganz normal. »Geheimnisvolle Energien« in Polen

In den krisengeplagten 1980er Jahren, als die zentral gesteuerte Wirtschaft immer wieder ihre Schwachpunkte offenbarte, als es an Rohstoffen, Ressourcen und Ersatzteilen fehlte, als die Schlangen vor den Läden immer länger wurden und die Wartezeit auf eine Genossenschaftswohnung ins Unermessliche wuchs – versuchte jeder, der irgend konnte und ein Stückchen Land besaß, sich ein Eigenheim zu bauen. Eine Situation, die in gewisser Weise auch den Herrschenden in die Hände spielte, trug doch diese Bautätigkeit – wenn auch nur in bescheidenem Ausmaß – zu einer Entspannung bei der Wartezeit auf eine Wohnung bei. Die Umstände machten es erforderlich, dass trotz der meist aus Katalogen stammenden Entwürfe so kostengünstig wie nur möglich gebaut wurde, d. h. mit Eigenleistung, oft mit Unterstützung von Verwandten und mit den gerade verfügbaren Materialien, die häufig zu wünschen übrig ließen. An den Bau ihrer eigenen Häuser gingen die Menschen gleichwohl mit großem Eifer heran und mit der Bereitschaft, ihr Wissen zu erweitern – unter anderem durch die Lektüre der einschlägigen Fachpresse (Horyzonty Techniki, Murator, Zrób to sam) und Ratgeberliteratur.

Neben Informationen zur eigenhändigen Montage einer Holzvertäfelung oder eines Dachs waren darin sehr oft auch recht überraschende Ratschläge zu finden: So wurde empfohlen, beim Bau eines Hauses oder bei der Einrichtung einer Wohnung die Hilfe eines Radiästhesie-Experten in Anspruch zu nehmen. Die Publikationen hatten einen völlig »weltlichen« und pragmatischen Charakter, und in dieser Tonlage wurden auch die Dienste von Rutengängern angepriesen. Die möglichen negativen Auswirkungen von Wasseradern auf die Gesundheit und das Wohlbefinden der Bewohner und Bewohnerinnen waren zwar nicht wissenschaftlich belegt, sie wurden aber in einem neutralen Ton und ohne paranormale Aura vorgetragen. Glaubt man den Quellenverweisen in der Presse, in populären, auflagenstarken Büchern und in einschlägigen Archiven, handelte es sich dabei um ein für die damalige Zeit völlig normales Phänomen. In den 1970er und 80er Jahren stand man in Polen nicht nur nach Butter und Waschmaschinen an, sondern auch, um an Séancen von Wunderheilern teilzunehmen.

Man hielt Ausschau nach UFOs und glaubte an alternative Medizin – und das, obwohl in der Volksrepublik einerseits zumindest offiziell das Primat der materialistischen Weltanschauung propagiert wurde und andererseits die katholische Kirche ein Rekordvertrauen genoss, vor allem dank des Charismas des neugewählten (polnischen) Papstes Johannes Paul II. Der Glaube an den Wahrheitsgehalt übernatürlicher Phänomene erlebte in der Gesellschaft ungeachtet der Stellung von Partei oder Kirche eine Stärkung. Zur Illustration dieser lokalen Spezifik sei eine Anekdote aus dem Jahre 1978 angeführt, als ganz Polen aufmerksam die Geschehnisse in einem kleinen Dorf namens Emilcin verfolgte. Ein älterer Bauer, Jan Wolski, behauptete, ein ungewöhnliches Raumschiff gesehen zu haben und berichtete von einer direkten Begegnung mit dessen sehr höflicher, aber keiner irdischen Sprache mächtiger Besatzung. Führende Ufologen, Reporter und Wissenschaftler stritten sich darüber, ob Wolski – unfreiwillig zum Helden von Presse und Fernsehen im ganzen Land geworden – das nicht alles erfunden hatte und unterzogen ihn diversen Tests. Die Nachbarn des Bauern hegten indes keine derartigen Zweifel, sie glaubten ihm ganz einfach, denn er hatte den Ruf eines aufrichtigen Manns.

In gewisser Weise unterschied sich Polen in Bezug auf das Interesse an geheimem Wissen nicht sonderlich vom Rest der Welt, wenn man noch dazu bedenkt, dass es sich von anderen Ostblockländern durch einen freieren Informationsfluss und eine geringere Abschottung von globalen Trends abhob. Zur Hinterlassenschaft der zwar vergangenen Hippie-Bewegung der 1960er Jahre gehörten die Bereitschaft zur Akzeptanz des Unbekannten und Geheimnisvollen sowie der Wunsch, die Welt aufs Neue zu verzaubern. Im Westen begann man die prä-astronautischen Theorien eines Erich von Däniken zu verschlingen, war fasziniert von den angeblich außerordentlichen Fähigkeiten von Uri Geller, der im Fernsehen das Verbiegen von Löffeln mit der Kraft des Geistes demonstrierte und geheimnisvolle Kornkreise aufspürte. Meditation, Selbstheilung, alternative Heilformen und Lebensweisen (einschließlich der Schattenseiten dieser Bewegung wie Pseudotherapien und Sekten) waren am Ende das vielleicht nachhaltigste Vermächtnis der Blumenkinderbewegung, das in den nachfolgenden Jahrzehnten im Guten wie im Schlechten weiter gedieh. Polen ist jedoch nicht Kalifornien, sodass die hiesige Variante des Wassermannzeitalters eine besondere Färbung erhielt, die vor allem einer religiösen Volksfrömmigkeit entsprang, die besonders empfänglich für Offenbarungen und Wunder war, spezifisch peripher und geprägt von charakteristischen Persönlichkeiten, die diese Ideen propagierten. Obwohl es die Unsicherheit der Transformationsjahre war, die die Nachfrage nach geheimem Wissen deutlich ansteigen ließ, waren die Polen schon viel früher für »geheimnisvolle Energien« empfänglich und interessierten sich für sie.

Die Beseitigung der Schranken auf dem Verlagsmarkt im Jahre 1989, die Abschaffung der Zensur, aber auch das Verschwinden staatlicher Monopole im Verlags- und Handelswesen sowie das rasante Aufkommen privater Verlagshäuser förderten die

Popularität esoterischer Publikationen im weitesten Sinne. In gewisser Weise bedeutete dies eine Rückkehr zu den Lesepraktiken aus der Zeit vor dem Kommunismus. Im Polen des 19. und frühen 20. Jahrhunderts, so der Literaturwissenschaftler und Sammler von Groschenheften Janusz Dunin, gehörten Traumbücher und Weissagungen (sogenannte „Sibyllen") zu den beliebtesten Publikationen, die in ländlichen wie auch städtischen Haushalten sogar die Bekanntheit der Bibel übertrafen. Im Polen der freien Marktwirtschaft erlebten viele von ihnen aufgrund des fehlenden Urheberrechts und der folglich niedrigen Publikationskosten eine Neuauflage. Der amateurhafte Charakter dieser Veröffentlichungen, deren Umschlaggestaltung an Versuche von Schulkindern erinnert, einen Fantasy-Comic oder ein Heavy-Metal-Albumcover zu entwerfen, ist ein interessantes Zeugnis für den »wilden« Charakter des damaligen Verlagsmarkts. Es gab auch Bücher, die aus anderen Sprachen übersetzt wurden und die neuentstehende Nische der Selbstentfaltung bedienten. Nach etlichen Jahrzehnten erreichten so das polnische Publikum die Klassiker der Theosophie und des amerikanischen New Thought, Rudolf Steiners Theorien oder auch Dale Carnegies berühmter Ratgeber *Wie man Freunde gewinnt*. Auch das preiswerte Medium der Kassette diente der Verbreitung esoterischer Angebote. Kurzlebige Verlage bewarben

Orte geheimer Energie in Polen

Der Zobten / Góra Ślęża

Auf dem Gipfel des Bergs Zobten (Ślęża, Sobótka, 718 Meter) in Niederschlesien befand sich eine vorzeitliche Kultstätte, die vermutlich in der Bronzezeit entstanden ist. Hier vermutete man den Hain des germanischen Götterpaars Alcis, den Tacitus circa 98 n. Chr. in seinem Werk *Germania* erwähnt. Es ist anzunehmen, dass der Zobten jener Berg ist, den bereits Thietmar von Merseburg als ehemaliges heidnisches Heiligtum anführt, von dem sich der Name des Gaus Slensane (später Szląsk, Śląsk, Schlesien) herleite. Aus dem Jahr 1148 ist der Berg als *mons silecii* überliefert. Unklar ist, ob der Name des Bergs auf den Stamm der Silinger zurückgeht oder auf die Slensanen.

Auf dem Berg befinden sich rätselhafte heidnische Steinskulpturen, die eine Jungfrau mit einem Fisch, einen Bären und einen Eber darstellen. Sie tragen das charakteristische Symbol des Sonnenkults, die Swastika. Der Zobten soll im Mittelalter ein Treffpunkt für Hexen gewesen sein, später kamen hier Anhänger geheimer Wissenspraktiken zusammen. Im 20. Jahrhundert wurde er von deutschen Neo-Paganisten und in den 1970er Jahren von polnischen Hippies aufgesucht.

Heilig-Kreuz-Gebirge / Łysa Góra

Łysa Góra stellte eine Kultstätte der frühzeitlichen Slawen dar, die dort ihren religiösen Praktiken nachgingen und in der vorchristlichen Zeit bestimmte Berge oder Bäume anbeteten. Welcher Kult hier galt, ist bis heute nicht wissenschaftlich geklärt. Bekannt ist aber, dass die Slawen hier zwei Gottheiten namens Lelum und Polelum ehrten. Die heidnischen Kultstätten bestanden vermutlich aus Holzbauten, die nicht überdauert haben. Heute ragt ein Benediktiner-Kloster auf dem Heilig-Kreuz-Berg in die Höhe. Auch dieses Objekt ist voller Geheimnisse, da es zahlreiche Katakomben beherbergt, deren Bestimmung unklar ist. Legenden zufolge handelt es sich bei ihnen um Grabstätten ehemaliger slawischer Herrscher – historisch fundiert sind diese Angaben allerdings nicht.

Der Wawelberg

Mitten in Krakau gelegen, ist er wohl allen bekannt, die Polen besuchen: der Wawelberg. Dort, wo einst die St.-Gereon-Kirche stand, soll ein wundersamer Stein verborgen liegen, genannt »Erden-Drüse«, der eine unheimliche Energie freigibt – die Wawel-Chakra. Es heißt, der indische Gott Siwa habe sie der Menschheit als Energiequelle geschenkt. Als in den 1920er Jahren auf dem Wawelberg archäologische Arbeiten durchgeführt wurden, soll sich dort eine Gruppe hinduistischer Mönche zum Meditieren versammelt haben. Diese Legende verbreitete zumindest der Franziskaner-Pater und Parapsychologe Andrzej Klimuszko in den 1980er Jahren. Die Wawel-Chakra wurde aber auch durch die Theosophin Wanda Dynowska bekannt gemacht, die hinduistischen Studien in Polen den Weg bereitete und bereits in den 1960er Jahren prophezeite, dass »Karol Wojtyła der erste slawische Papst« sein wird.

Tschenstochau: Der Helle Berg / Jasna Góra

Das Pauliner-Kloster in Tschenstochau ist nicht nur ein Sinnbild des Katholizismus und der polnischen Nation. Da es angeblich auf der Jerusalem-Linie liegt, die Tschenstochau mit der Kathedrale von Gnesen und dem Wawelberg verbindet, wird ihm eine weitere, geheime Kraft zugeschrieben: Der Helle Berg, auf dem sich das heutige Kloster befindet, soll über eine besondere Energie verfügen. Die Wunderheilungen, die in Tschenstochau geschehen, so die Anhängerschaft dieser Theorie, kommen nicht etwa durch übernatürliche Himmelskräfte, sondern durch natürliche Strahlung zustande.

Nach Miejsca mocy [Orte der Kraft], in ZNAK Nr. 4/2024, S. 22–25

Tonbandaufnahmen zur Beeinflussung des Unterbewusstseins. »Magische Kassette zur Verführung von Frauen« – hieß es in einer Werbeanzeige, versehen mit dem Bild eines unbekleideten Models, denn der Glaube an die persuasive Kraft des nackten Körpers war im Polen der Transformationszeit noch weiter verbreitet und sicherlich naiver als der Glaube an übernatürliche Kräfte.

Diese Neuheiten ergänzten und erweiterten jedoch nur eine bereits bestehende Basis, in der Theater- oder Wissenschaftsleute, gesellschaftlich engagierte Aktivisten, gegenkulturelle Außenseiter, vergeistigte Katholiken, verwaiste Sowjetbegeisterte und nicht zuletzt umtriebige Unternehmer überraschend gut koexistierten.

Die Wege, auf denen die Menschen zu geheimem Wissen gelangten, waren höchst unterschiedlich. Daher lässt sich die Popularität von Esoterik und alternativer Spiritualität in den 1980er und 1990er Jahren nicht einfach als Ableger des globalen New Age oder als Suche nach einem Heilmittel gegen Lethargie und Armut einordnen. Ein Pionier der psychosomatischen Forschung und ein Förderer von Yoga war bereits Anfang des 20. Jahrhunderts Wincenty Lutosławski – Philosoph, polnischer Patriot und Vorkämpfer für Abstinenz, der in seinem Buch *Rozwój potęgi woli* [Die Entwicklung der Willenskraft] darlegte, wie ihn Hatha Yoga von einer schweren Depression geheilt habe. Ein Verfechter von Yoga und Vegetarismus als Allheilmittel war auch Makary Sieradzki, bekannt als heldenhafter Unabhängigkeitskämpfer in der Konspiration während des Zweiten Weltkriegs. Den Erfolg dieser Methoden zeigte er an seinem eigenen Schicksal. Er überlebte die Jahre im Zuchthaus während des Stalinismus, nachdem er in einem Schauprozess als Feind des Regimes verurteilt worden war. In Büchern, die er Jahre später veröffentlichte, behauptete er, dass Yoga und eine vegetarische Ernährung ihm dabei geholfen hätten, wieder gesund zu werden und ein Alter von 93 Jahren zu erreichen. Die bekannte Schauspielerin Lucyna Winnicka, die unter anderem durch Filme wie *Nachtzug* [Pociąg] und *Mutter Johanna von den Engeln* [Matka Joanna od Aniołów] bekannt wurde, engagierte sich stark für die fernöstliche Philosophie und Medizin. 1990 erschien dann erstmals die Zeitschrift NIEZNANY ŚWIAT [Unbekannte Welt], die sich unerklärlichen Phänomenen widmete, vom Yeti bis zur Reinkarnation. Gründer war Marek Rymuszko, Rechtsanwalt und Reporter sowie Drehbuchautor des Kult-Abenteuerfilms *Wielka Majówka* [Das große Maipicknick]. Zu beachten ist die allmähliche Verschiebung seiner Interessen – von Gerichtsprozessen bis hin zu unerklärlichen Phänomenen. 1989 veröffentlichte er eine Bestseller-Reportage über das Teenager-Mädchen Joasia aus Sosnowiec, die angeblich über telekinetische Fähigkeiten verfügte. Auch der bekannte Astrologe Leszek Weres hatte eine juristische Ausbildung durchlaufen.

Den größten Einfluss auf die Popularisierung alternativer Wissenssysteme hat wahrscheinlich Lech Emfazy Stefański gehabt. Als Mitbegründer der Polnischen Psychotronischen Gesellschaft hat er insbesondere den spezifischen Begriff der Psychotronik in Polen etabliert und damit der Forschung zur Radiästhesie oder Bioenergotherapie einen wissenschaftlicheren Anstrich verliehen. Obwohl es sich nicht um eine offiziell anerkannte wissenschaftliche Disziplin handelt, erklären die Psychotroniker, dass sie sich die Errungenschaften der Physik oder Chemie zunutze machen. Stefańskis Buch *Od magii do psychotroniki* [Von der Magie zur Psychotronik], das 1983 erschien, wurde zu einem großen Bestseller. Wahrscheinlich war es dieser Richtung zu verdanken, dass Radiästhesie-Dienstleistungen Bestandteil von Ratgeberliteratur im Baubereich wurden – die wissenschaftliche Aura der Psychotronik machte das Unglaubliche zu einem ganz normalen Forschungsgebiet. In erster Linie war Lech Emfazy Stefański jedoch ein Mann des Theaters, Regisseur und Schauspieler. Bekanntheit erlangte er durch seine Zusammenarbeit mit dem Dichter Miron Białoszewski, einem Mystiker des gewöhnlichen Lebens. Der Schriftstellerin Jadwiga Stańczakowa, die durch eine Krankheit ihr Augenlicht verloren hatte, brachte er die sogenannte Dermooptik bei – eine Art »Sehen« durch die Haut. In den 1990er Jahren interessierte er sich für die Rekonstruktion des alten slawischen Volksglaubens und gründete die Indigene Polnische Kirche.

Die politische Dimension der Popularisierung der Parapsychologie während der kommunistischen Ära bleibt bis heute Gegenstand heftiger Diskussionen. Jeder Irrationalismus war in einem offiziell atheistischen Staat erst einmal nicht gern gesehen, die Herrschenden tendierten dazu, in solchen selbstorganisierten Gruppen die Gefahr von Dissidentenbewegungen zu sehen, machten ihnen das Leben schwer, bespitzelten und observierten sie. Andererseits mag die Partei das Entstehen von Alternativen zu ihrem Hauptkonkurrenten, dem Katholizismus, durchaus begrüßt haben. Mitunter wird so die Allgegenwart von Inhalten weitestgehend esoterischer Natur in den Massenpublikationen der kommunistischen Ära erklärt. Es ist schwierig, eindeutig zu sagen, welche der beiden Positionen zutreffender ist; eine »Parapsychologie im Dienst der Macht«, wie es in der UdSSR der Fall war, gab es jedoch nicht. Die Praktiker auf diesem Gebiet besaßen die Fähigkeit zur Selbstorganisation, gründeten ihre eigenen Zünfte und Schulen. Das Interesse der Menschen an dieser Thematik ist ganz sicher völlig spontan entstanden, gerade was Heilpraktiker, die Bioenergietherapie und alternative Behandlungsmethoden anbelangte.

Schauen wir uns eine Straßenszene an, Anfang der 1990er Jahre aufgenommen von dem polnischstämmigen Schweizer Fotografen Slawo Plata. Zu sehen ist eine bioenergetische Notfallbehandlung: Ein Wunderheiler schwingt ein Pendel über einer Patientin, die vor einem Metzgereigeschäft liegt. Eine große Schar Neugieriger hat sich versammelt. Schwer zu sagen, wie oft ähnliche Szenen wirklich auf der Straße zu beobachten waren – sicher aber ist, dass solche heilpraktischen Séancen sowohl live als auch vor dem Fernsehbildschirm eine große Anzahl von Interessierten anzogen.

Anfang der 1990er Jahre verfolgten angeblich bis zu 60 Prozent der Zuschauer die im polnischen Fernsehen ausgestrahlte Sendereihe *Teleklinika doktora Kaszpirowskiego* [Dr. Kaschpirowskis Teleklinik]. Dieser aus der UdSSR nach Polen eingewanderte

Hypnotiseur hatte zuvor (bevor er bei den dortigen Behörden in Ungnade fiel – angeblich wegen Anschwärzungen seiner Konkurrenten) im sowjetischen Fernsehen Hypnosesitzungen durchgeführt und behauptet, dass es ihm gar gelungen sei, unblutige Operationen aus der Ferne durchzuführen. Er war als Psychiater und Psychotherapeut zugelassen, was es ihm ermöglichte, die Anwendung der Hypnotherapie zu begründen. In Polen fand er schnell neue Patientinnen und Patienten, hatten doch die Armut und Unsicherheit der Transformationsjahre auch das Gesundheitswesen stark in Mitleidenschaft gezogen. Er weckte Vertrauen, verstand es, seine Botschaft an sein jeweiliges Publikum anzupassen, und hatte vor allem ein offenes Ohr für Menschen, die sich in der neuen, brutalen Realität abgehängt fühlten. Es gelang ihm, nicht nur die polnischen Bischöfe, die ihn nach Jasna Góra einluden, sondern auch Staatspräsident Lech Wałęsa zu begeistern. In den 1990er Jahren wurden Heilbehandlungen am TV-Schirm zu einer Tradition. Dazu gehörte auch die im kommerziellen Fernsehsender Polsat ausgestrahlte Sendung *Ręce, które leczą* [Hände, die heilen] des zertifizierten Radiästheten und Bioenergotherapeuten Zbigniew Nowak. Vor den Fernsehgeräten versammelten sich regelmäßig Menschen mit Flaschen, in denen sich speziell aufbereitetes Wasser befand, dem Nowak eine heilende Wirkung verleihen sollte.

Solche TV-Heiler standen, obwohl sie sich eines modernen Mediums bedienten, in einer längeren Tradition, in der ökologisches Denken, unkonventionelle Medizin und ... die Fürsorge der Kirche zusammenfanden. In den 1970er Jahren erlangte der Franziskanerpater Andrzej Klimuszko große Berühmtheit, der die Ansicht vertrat, die Rückkehr zur Natur sei die einzige Rettung für die modernen Gebrechen des Menschen. Er praktizierte Pflanzenheilkunde, propagierte den Aufenthalt in der Natur und die heilende Kraft des Wassers. Sein Denken fand zweifelsohne Widerhall in den sich Bahn

Der Naturtherapeut Pater Klimuszko

Pater Andrzej Klimuszko, weltberühmt für seine übernatürlichen Fähigkeiten, machte die Stadt und das Kloster Elbing (Elbląg), wo er wohnte, weit über Polens Grenzen bekannt. Hunderte Menschen kamen zu ihm, um sich gesundheitlichen Rat zu holen. Er diente vielen Kranken und hinterließ zahlreiche Kräutermischungen, mit denen sich 130 Krankheiten behandeln lassen. Ihre Wirksamkeit wurde klinisch bestätigt.
Pater Klimuszko wurden auch parapsychologische Fähigkeiten zugeschrieben. Als »Wunderheiler von Elbing« prophezeite er u .a. dem Papst Johannes Paul I. ein kurzes Leben., sah die Wahl des polnischen Kardinals Karol Wojtyła zum Papst 1978 voraus und kündigte an, dass die Gewerkschaft Solidarność zweimal entstehen würde, was 1980 noch auf Unverständnis stieß.

Nach klimuszko.pl

brechenden Umweltbewegungen seiner Zeitgenossen wie auch in der zeitgenössischen »grünen« Sensibilität. Im selben Jahrzehnt startete der kanadische spirituelle Heiler Clive Harris eine wahre Star-Tournee durch zahlreiche polnische Kirchengemeinden. Ihm folgten bald andere wie Stanisław Nardelli und Franciszek Fellmann.

In der damaligen Zeit erlebte die polnische Spezifik des unkonventionellen Wissens ihre stärkste Prägung. Dieses Wissen hat aufgrund seiner mannigfaltigen Quellen und des Rückgriffs auf viele Traditionen stets sehr heterogene Adressaten angesprochen und tut dies weiterhin. Es ist somit schwierig, ein einigermaßen genaues soziologisches Bild des typischen Verfechters solcher Methoden zu zeichnen. Die Anthropologin Dorota Hall weist jedoch auf einen möglichen Schlüssel zum Verständnis der polnischen Spielart des geheimen Wissens hin. Es geht um ein Phänomen, das in der modernen Religionswissenschaft als *miracular sensitivity* bezeichnet wird – das Wahrnehmen oder gar das Erwarten von Wunder- und Erleuchtungserscheinungen in der Welt. Andrzej Hemka und Jacek Olędzki verwenden diesen Begriff für »einen besonderen Zustand der Sensibilisierung, der Sensibilität für das Ungewöhnliche, das Nichtalltägliche oder zumindest das Sonderbare, das aber in der von religiösen Konzepten und Symbolen geprägten Vorstellung der Gläubigen funktioniert«. So betrachtet scheint die polnische Gesellschaft besonders empfänglich für das Ungewöhnliche zu sein – noch dazu in der kommunistischen Ära, als die katholische Kirche nicht nur ein Gefühl der Gemeinschaft vermittelte, sondern auch eine Volksreligiosität förderte, die offen für Offenbarungen, Wunder, Heilungen, Danksagungen und Fürbitten war. Im Polen der Gierek- und später der Jaruzelski-Zeit traf diese Sensibilität auf eine technokratische Sprache und den Wunsch nach Modernität. Es ist also nicht verwunderlich, dass Jan Wolskis Nachbarn dessen Berichte über den Besuch von Außerirdischen auf einem Acker mit großer Gelassenheit aufnahmen – ist doch das Unglaubliche etwas ganz Normales.

Dorota Hall zufolge konnte die Popularität unkonventioneller spiritueller Praktiken sich vor allem auf eine fest verwurzelte Volksreligiosität stützen, und nicht nur auf die Unruhe und Aufregung des neuen Jahrtausends, das Erbe der Hippie-Ära oder den Import von Ideen aus der ganzen Welt. Die gesellschaftlichen Gruppen, die sie in den späten 1990er und Anfang der 2000er Jahre für ihr wichtiges Werk *New Age w Polsce* [New Age in Polen] untersuchte, bestanden in der Regel aus ganz normalen Bürgern und Bürgerinnen, die ein ganz gewöhnliches polnisches Leben führten. Diese Menschen hängten Kreuze und Papstporträts in ihren Häusern auf, während sie gleichzeitig Agnihotra praktizierten oder Talismane trugen, und auf einer Reise nach Krakau beteten sie in der Kathedrale, um nur einen Moment später ihre Hände auf das Wawel-Chakra zu legen. Zwei Jahrzehnte später wird deutlich, dass die Popularität esoterischer Praktiken nicht nachlässt, sich aber ihr Wesen verändert. An die Stelle der Sehnsucht nach dem Wunder tritt die nach Luxus und Geld – schließlich leben wir heute in einem wohlhabenderen, aber auch weniger gemeinschaftsorientierten und wohl stärker von Einsamkeit geprägten Land. Das bedeutet, dass die Menschen weniger darauf aus sind, außergewöhnliche Eigenschaften zu nutzen, um sich selbst oder andere zu heilen, ihren Horizont zu erweitern oder inneren Frieden zu finden. Weitaus mehr sind sie an Reichtum interessiert. In Warschau prangt an einem Zaun entlang der Straße ein Banner, auf dem eine spirituelle Lebensberaterin für ihre Dienste wirbt, die sie im Internet anbietet: »Sie sehen den Stau, ich sehe eine Fülle von Autos«. Einfacher kann man die Entwicklung der esoterischen Faszination in Polen kaum zusammenfassen.

Aus dem Polnischen von Gero Lietz

OLGA DRENDA studierte Kulturanthropologie und Ethnologie an der Jagiellonen-Universität in Krakau. Sie arbeitet als freie Autorin, Essayistin und Übersetzerin in Warschau. Sie publiziert in vielen polnischen Medien, u. a. in der GAZETA WYBORCZA, im TYGODNIK POWSZECHNY und in der Monatsschrift ZNAK. Siehe auch die Beiträge der Autorin im JAHRBUCH POLEN 2022 Widersprüche, im JAHRBUCH POLEN 2023 Osten und im JAHRBUCH POLEN 2024 Modern(e).

Pioneer
TURTLES
Pioneer

Piotr Mulawka

Kraftwerk & Co. Die deutsche elektronische Musik und ihr Einfluss auf Polen

Die deutsche elektronische Musik hatte einen großen Einfluss auf die Entwicklung der Musikszene in Polen, insbesondere seit den 1970er Jahren. Bands und Musiker wie Kraftwerk, Tangerine Dream und Klaus Schulze erfreuten sich an der Weichsel einer großen Popularität. Von ihnen inspiriert, begannen polnische Künstler mit Elektronik, Synthesizern und innovativen Sounds zu experimentieren. Doch in Polen hat sich die elektronische Musik nicht so rasch entwickelt wie in Westeuropa oder in den USA.

Dies lag an der wirtschaftlichen und politischen Verfassung des Lands, den mangelnden Kontakten mit der westlichen Welt, der unzureichenden Verfügbarkeit elektronischer Geräte und vor allem an den fehlenden finanziellen Mitteln, solche Anlagen zu erwerben. Die Produktion und der Export polnischer Schallplatten waren gering. So verkaufte die staatliche Plattenfirma Polskie Nagrania 1983 insgesamt 283.000 Stück, von denen nur 15.000 ins Ausland gingen. Musiker und Musikerinnen in Polen hatten kaum eine Chance, die Charts im Ausland zu stürmen, dennoch schufen sie großartige elektronische Musik. Das notwendige Equipment importierten sie einfach auf eigene Faust aus der »freien Welt«. Anbei ein Überblick über die Geschichte der polnischen elektronischen Musik sowie ihre wichtigsten Vertreter und Vertreterinnen.

Die elektronische Musik ist in den 1950er Jahren in (West-)Deutschland entstanden. Die Grundlage dafür bildeten die technischen Errungenschaften des späten 19. Jahrhunderts, mit denen sich Töne erstmals übertragen, aufnehmen oder abspielen ließen: das Telefon, der Phonograph sowie das Grammophon. Die Anfänge der elektronischen Musik lagen dann in den »Internationalen Ferienkursen für Neue Musik« in Darmstadt 1950, die den Austausch neuer Musikströmungen unter Musikschaffenden förderten. Im Jahr 1951 wurde daraufhin beim Nordwestdeutschen Rundfunk (NWDR) in Köln das erste elektronische Musikstudio gegründet. Die Komponisten Herbert Eimert (1897–1972), Karlheinz Stockhausen (1928–2007), Mauricio Kagel (1931–2008), Henri Pousseur (1929–2009) und Luciano Berio (1925–2003) waren hier u. a. tätig.

Aber auch der Physiker Werner Meyer-Eppler (1913–1960) sowie der Ingenieur Fritz Enkel (1908–1959) arbeiteten mit dem Studio zusammen. Dort wurden Methoden zur Erzeugung von Musik aus Klängen entwickelt, die ausschließlich durch elektronische Generatoren hervorgebracht wurden. Sie ließen sich auch mit Hilfe eines Filters und eines Modulators umgestalten, wobei Klangfarbe, Tonhöhe, Lautstärke, Rhythmus und Tempo in beliebiger Weise verändert werden konnten. Auf diese Weise entstand die elektronische Musik. Das erste öffentliche Konzert fand im Oktober 1955 in Köln statt.

Auch Computer leisteten ihren Beitrag zur Entwicklung der elektronischen Musik in den 1950er Jahren. Es entstand die sogenannte Computer-Musik. Der Begriff bezieht sich sowohl auf Musik in traditioneller instrumenteller Besetzung, deren Partitur mit Unterstützung eines Computers geschaffen wurde, als auch auf Musik, deren Klänge mit dem Computer erzeugt wurden. In den USA lagen die Anfänge der elektronischen Musik bei Leejaren Hiller (1924–1994) und Leonard Maxwell Isaacson (1925–2018). Als erstes von einem Computer komponiertes Musikstück gilt die *Illiac-Suite* von 1957 (auch *String Quartet No. 4*). Dieses Werk entstand in einem Studio der Universität Illinois in den USA mithilfe des Großrechners Illiac (Illinois Automatic Computer).

Dank der Erfindung neuer elektronischer Musikinstrumente wie Synthesizer sowie der Fortschritte in der Computertechnik kam es in den 1960er und 1970er Jahren zu einer rasanten Entwicklung der elektronischen Musik. Ursprünglich wurden Geräte als Synthesizer bezeichnet, die mit Hilfe elektronischer Generatoren auf Lochband »programmierte« Klänge erzeugten, wie z. B. der Mark II von RCA aus dem Jahr 1959. Erst mit der Erfindung des analogen Keyboard-Synthesizers durch Robert Moog (1934–2005) im Jahr 1964 wurde das Gerät zu einem elektronischen Musikinstrument. Moog verwendete spannungsgesteuerte Generatoren, mit denen die Tonhöhe verändert werden konnte. Walter (»Wendy«) Carlos, die als Assistentin für Moog arbeitete, nutzte diesen Synthesizer 1968 zur Aufnahme des Studioalbums *Switched-On Bach*, einer Sammlung von Stücken des deutschen Komponisten Johann Sebastian Bach (1685–1750). In den 1970er Jahren wurden dann digitale Synthesizer mit Hilfe eines digitalen Generators entwickelt, z. B. Synclavier, Fairlight CMI, Yamaha DX 7. Große Popularität erlangte der italienische Musikproduzent Giorgio Moroder, der 1969 nach München ging und das Tonstudio Musicland Studios gründete. Sein Song *Son of my Father* gilt als der erste Popsong, in dem ein Synthesizer verwendet wurde. 1977 produzierte Moroder gemeinsam mit Donna Summer den Hit *I feel Love*, der einen Meilenstein in der Entwicklung der Techno-Musik darstellte.

Im Jahr 1983 wurde das MIDI-System entwickelt, das die Kommunikation zwischen elektronischen Geräten ermöglichte. Einen großen Einfluss auf die weitere Entwicklung der elektronischen Musik hatten Heimcomputer wie Commodore, Amiga und Atari, die als programmierbare Synthesizer und Sequenzer eingesetzt wurden.

Uwaga! Wydarzenie roku 1981.

WOJEWÓDZKIE PRZEDSIĘBIORSTWO IMPREZ ARTYSTYCZNYCH „ESTRADA" W OPOLU

ORAZ

POLSKA AGENCJA ARTYSTYCZNA „PAGART"

prezentują miłośnikom rocka zespół

Kraftwerk (RFN)

w programie komputerowy rock.

KONCERT ODBĘDZIE SIĘ W DNIU 26 SIERPNIA 1981 R. O GODZ. 19.30 W AMFITEATRZE W OPOLU.

Bilety do nabycia w „Estradzie", Kośnego 32a, tel. 386-28.

Anzeige für das Open-Air-Konzert im August 1981 in Opole (Oppeln), wo die westdeutsche Gruppe Kraftwerk auftreten sollte.

In Polen und Osteuropa waren Synthesizer wie Elwro 800 Junior und Polivoks sehr populär. Das erste Modell wurde von der Firma Elwro aus Breslau (Wrocław) produziert. Der Polivoks wurde zwischen 1982 und 1990 in der Sowjetunion hergestellt und war bekannt für seinen unverwechselbaren, aggressiven Sound.

Die wohl wichtigste Band, die elektronische Musik macht, ist die Gruppe Kraftwerk, 1970 von Florian Schneider (1947–2020) und Ralf Hütter in Düsseldorf gegründet. Die Band löste in den 1970er und 1980er Jahren eine musikalische Revolution aus und hatte somit auch einen großen Einfluss auf die Geschichte der elektronischen Musik. Bereits das Album *Autobahn* (1974) war ein großer Erfolg. Mit dem Nachfolge-Album *Radioaktivität* (1975) erreichte die Band noch mehr Popularität und gewann neue Fans. Das nächste Album *Trans Europa Express* (1977) war ein Manifest der vier

»Roboter-Musiker« Ralf Hütter, Florian Schneider, Karl Bartos und Wolfgang Flur. Über den Klang der Musik hinaus veränderte Kraftwerk auch die Ästhetik: Die charakteristischen futuristischen Kostüme und Live-Auftritte, bei denen aufwendige visuelle Elemente und Roboter zum Einsatz kamen, setzten neue Maßstäbe für die Präsentation von elektronischer Musik. Kraftwerk trug nicht nur zur Entwicklung der elektronischen Musik bei, sondern inspirierte auch Künstlerinnen und Künstler aus anderen Bereichen wie der bildenden Kunst, Mode und Design.

In diesen Jahren unterlagen Rundfunk und Fernsehen in Osteuropa der Zensur. Was gesendet werden durfte, hing von den Entscheidungen der Behörden und Funktionäre ab. Eine Art Fenster zur Welt der modernen Musik war das englischsprachige Radio Luxembourg, das auf Mittelwellen empfangen wurde. Einigen Wagemutigen gelang es auch, CDs mit elektronischer Musik aus dem Westen einzuschmuggeln. Polen importierte zwar Schallplatten von Plattenfirmen aus den sozialistischen Bruderländern, darunter von staatlichen Plattenlabels wie Melodija (Sowjetunion), Eterna (DDR), Supraphon (Tschechoslowakei) und Balkanton (Bulgarien), doch diese Musik erfüllte die Erwartungen der Fans nicht. Es gab aber auch Überraschungen, denn in den 1980er Jahren erschienen auf dem polnischen Musikmarkt lizenzierte Alben verschiedener westlicher Gruppen wie Depeche Mode und Tangerine Dream. Besondere Höhepunkte waren zudem Konzerte von Kraftwerk und Klaus Schulze in Polen.

Nun zur Geschichte der polnischen elektronischen Musik. 1957 wurde auf Initiative des Musikwissenschaftlers und Filmmusikschaffenden Józef Patkowski (1929–2005) in Warschau das Experimentalstudio des Polnischen Rundfunks (Studio Eksperymentalne Polskiego Radia) gegründet. 2004 wurde es in das Programm 2 des Polnischen Radios integriert. Es war eines der wenigen Studios der elektronischen Musik hinter dem Eisernen Vorhang. Hier wirkten unter anderem: Włodzimierz Kotoński (1925–2014), Andrzej Dobrowolski (1921–1990), Tomasz Sikorski (1939–1988), Eugeniusz Rudnik (1932–2016), Krzysztof Penderecki (1933–2020), Zbigniew Wiszniewski (1922–1999), Bohdan Mazurek (1937–2014), Bogusław Schaeffer (1929–2019), die Grupa KEW (Elżbieta Sikora, Krzysztof Knittel, Wojciech Michniewski), Magdalena Długosz, Tomasz Stańko (1942–2018), Paweł Szymański, Andrzej Bieżan (1945–1983), Marek Chołoniewski und Krzesimir Dębski. In diesem Studio konnten Komponist:innen und Musiker:innen mit neuen Klangtechnologien experimentieren. Es entstanden innovative Kompositionen unter Verwendung von Magnetbändern, eines Tongenerators und anderer Geräte. Man orientierte sich an Musikschaffenden aus Westdeutschland.

Wegbereiter der elektronischen Musik in Polen war der Warschauer Komponist Włodzimierz Kotoński. Er veröffentlichte 1989 die Monografie *Muzyka elektroniczna* und verfasste bereits 1959 mit *Etiuda na jedno uderzenie w talerz* die erste elektronische Komposition auf Tonband in Polen. In den 1970er Jahren entwickelte sich die elektronische Musik in Polen langsam weiter. Es entstanden neue Klangtechnologien wie Synthesizer und elektronische Musikinstrumente. Viele polnische Musiker:innen und Künstler:innen orientierten sich in ihrem Schaffen an der westdeutschen Gruppe Kraftwerk, die Vocoder, Synthesizer und elektronische Klänge nutzte.

1981 gab die Gruppe eine Reihe von Konzerten in Polen. Das Quartett aus Düsseldorf spielte live zweimal in Kattowitz (Katowice), in Oppeln (Opole), Sopot, Warschau, Breslau (Wrocław) und Grünberg (Zielona Góra). Das Publikum war außer sich. Die Band brachte einen Hauch von Freiheit aus der westlichen Welt. Sie sangen sogar einige Stücke in polnischer Sprache: *Pocket Calculator, Numbers* und *Computer Love*. 1983 trat mit Tangerine Dream eine weitere Electro-Band in Polen auf. Die Musiker benutzen bei ihren Auftritten damals kaum bekannte Geräte für elektronische Musik wie Fairlight, Synclavier und Emulatoren.

Ebenfalls 1983 kam mit Klaus Schulze aus West-Berlin ein weiterer Wegbereiter des Electro-Rock nach Polen. Schulze war vom polnischen Publikum begeistert und veröffentlichte noch im selben Jahr das Album *Dziękuję Poland (live)*. Ein Pionier der polnischen elektronischen Musik war Czesław Niemen (1939–2004), der als erster in Polen einen Moog-Synthesizer benutzte. Sein Album *Katharsis* (1976) schrieb Zeitgeschichte. In seinem Werk wird der Einfluss der deutschen elektronischen Musik deutlich, vor allem die Art und Weise, wie er Technologie zur Erzeugung von neuen Klängen einsetzte.

In den 1980er Jahren nahm die Entwicklung der elektronischen Musik in Polen an Fahrt auf. Dabei dominierte der Synthie-Pop. Namentlich zu nennen wären hier: Marek Biliński, Władysław Komendarek, Konrad Kucz, Artur Lasoń, Sławomir Łosowski und Józef Skrzek. Immer mehr Musiker:innen und Bands benutzten Synthesizer und andere elektronische Geräte: Arp Life, Dwa Plus Jeden, Kapitan Nemo, Klincz, Gayga, Anna Jurksztowicz, Aya RL, Papa Dance, Majka Jeżowska, Izabela Trojanowska, Anna Jantar, Halina Frąckowiak, Bajm, Urszula, Budka Suflera, Zdzisława Sośnicka und Lady Pank. Die Musik war sowohl melodisch als auch energiegeladen. Sie zog ein breites Publikum an und prägte die zeitgenössische polnische Popmusik entscheidend mit.

In den 1980er Jahren wurden in Polen mehrere Plattenfirmen gegründet, darunter Arston, Savitor und Polton. So konnten einheimische Musiker und Musikerinnen ihre Lieder veröffentlichen. Der bekannteste unter ihnen war der Komponist Marek Biliński. Von 1980 bis 1983 spielte er als Keyboarder in der Rockgruppe Bank. Den größten

Erfolg brachte ihm jedoch sein erstes Soloalbum *Ogród Króla Świtu* (1983) sowie der mittlerweile Kultstatus besitzende Video-Clip *Ucieczka z tropiku* (1984). Wie Kraftwerk experimentierte Biliński mit Synthesizern und schuf vielschichtige Kompositionen, die zur Grundlage der polnischen elektronischen Musik wurden. Die 1976 gegründete Band Kombi mit ihrem Frontmann Sławomir Łosowski machte den Synthesizer allgemein bekannt und schuf einen einzigartigen Sound, der ihr große Popularität brachte. 1983 nahm die Gruppe die Single *Inwazja z Plutona* auf. Kombi gehörte zu den ersten Bands in Osteuropa, die den Syntesizer Prophet 5 sowie den Drum Synthesizer Simmons (SDS V) einsetzten. In ihren Songs *Słodkiego miłego życia* oder *Nasze Randez-Vous* verbinden sie Pop-Melodien mit elektronischen Klängen, die an die Ästhetik von Kraftwerk erinnern.

Bogdan Gajkowski, auch Kapitän Nemo genannt, war ebenfalls von der Band Kraftwerk verzaubert. Seine Songs *S.O.S. dla planety* oder *Twoja Lorelei* verbinden Elemente des Synthie-Pop mit modernen elektronischen Klängen. Mit diesen beiden einzigartigen Kompositionen konnte er in der polnischen Musikszene große Erfolge feiern. Auch in der polnischen Film- und Theatermusik hielten elektronische Klänge Einzug. Janusz Hajdun (1935–2008) schuf moderne Filmsoundtracks, was einen großen Einfluss auf die Entwicklung der elektronischen Musik im Land hatte. Andrzej Korzyński (1940–2022) schrieb 1983 die Musik für den Film *Akademia Pana Kleksa*. Unter dem Pseudonym Andrzej Spol wirkte er zusammen mit Piotr Fronczewski am Musikprojekt Franek Kimono. Er komponierte die Musik für alle Lieder. Zu erwähnen sind hier die Stücke: *Pola monola + coca cola* und *King Bruce Lee karate mistrz*. Andrzej Korzyński war einer der ersten in Polen, der Synthesizer von Roland (einschließlich TB-303 und TR-606), den Yamaha DX7 und den Minimoog verwendete.

Erwähnenswert ist auch die Band Republika, die Elemente des Rock mit elektronischer Musik und sozialer Lyrik verband. Ihre Alben *Nowe sytuacje* und *1984* gelten als Klassiker des polnischen Synthie-Pop. Eine weitere bekannte Band ist Maanam, die Elemente aus Rock, New Wave und Electro aufgreift. Die Gruppe SBB (Silesian Blues Band) mit ihrem Frontmann Józef Skrzek galt als Pionier des polnischen Jazzrock. SBB experimentierte mit elektronischen Sounds und Jazzimprovisationen. Die Pop-Band Papa Dance nutzte Synthesizer, Drumcomputer und andere Technologien. Ihre Songs waren oft inspiriert von deutschen Elektrobands.

Der Musikjournalist Jerzy Kordowicz trug mit seinen Radiosendungen *Studio Nagrań, Klasycy syntezatorów, Top Tlen, Nastroje el-muzyki und Studio el-muzyki* im 3. Programm des Polnischen Rundfunks (Polskie Radio 3, »Trójka«) in den Jahren zwischen 1977 und 2010 wesentlich dazu bei, elektronische Musik in Polen populärer zu machen. Nach einer kurzen Pause nahm Kordowicz 2016 die Arbeit bei Polskie Radio 3 wieder auf. Seine Sendung *Studio el-muzyki* erfreut sich großer Beliebtheit unter den Fans der Elektromusik.

Im Jahr 2021 erschien das Album *Echo Wielkiej Płyty (Rare, unreleased & forgotten electronic music from Poland 1982–1987)*. Darauf sind viele bisher unveröffentlichte Aufnahmen verschiedener Interpreten aus dem Experimentalstudio des polnischen Rundfunks zu finden. Maciej Zambon und Norbert Borzym haben hier Aufnahmen verschiedener Musiker aus den 1980er Jahren zusammengestellt: Andrzej Mikołajczak (1946–2022), Wojciech Jagielski, Jacek Skubikowski (1954–2007), Krzysztof Duda, Mikołaj Hertel und Stefan Sendecki.

Der Fall des Kommunismus 1989 war ein wichtiger Moment in der Geschichte der polnischen Musik. Für die polnischen Künstler:innen und Musiker:innen stand die Welt nun offen, und ausländische Bands gaben Konzerte im Land. Der Systemwandel in Polen in den 1990er Jahren hatte auch großen Einfluss auf die Entwicklung der elektronischen Musik. Die Musiker:innen und Künstler:innen hatten nun mehr Freiheit zu experimentieren und konnten ihr Werk auch auf internationaler Bühne präsentieren.

Als Vorreiter der elektronischen Musik hatte die Gruppe Kraftwerk dabei weiterhin einen großen Einfluss auf die polnische Szene und inspirierte viele Künstlerinnen und Künstler, mit neuen Klängen und Technologien zu experimentieren. Über die Jahre wechselte die Zusammensetzung der Band, doch das konnte der Kraft und der Energie ihrer Musik nichts anhaben. Von den Gründungsmitgliedern ist heute nur noch der Bandleader Ralf Hütter aktiv. 2014 erhielt die Band, die als bedeutendster Exportschlager der deutschen Popmusik gilt, den Grammy Award für ihr Lebenswerk. Die Gruppe gibt nach wie vor Konzerte im In- und Ausland und beeinflusst Rap, Synthie-Pop, Electro und Techno.

In Polen wurde die elektronische Musik in den 1990er Jahren immer populärer. Der Einfluss des Düsseldorfer Quartetts erstreckte sich auch auf Musikgenres wie Techno, Rave, Alternative und Industrial Rock, Hip-Hop, Electronica und New Wave.

Technomusik wurde in Polen anfangs vor allem in großen Städten wie Warschau, Posen (Poznań) und Lodz (Łódź) gespielt. 1992 eröffnete Michał Styk in Warschau den ersten Technoklub »Filtry«. Zu den ersten DJs zählten Sesiz, Perez und Bogusz Jr. In Poznań war Maciej Ostoja-Zagórski von Radio S der Techno-Promoter im »Malta Club«. Zwischen 1999 und 2004 veranstaltete DJ Kris im »Ecuador« in Manieczki (Woiwodschaft Großpolen) berühmte Techno-Partys. In Łódź wurde Techno im Klub »New Alcatraz« gespielt. Dessen Besitzer organisierten zwischen 1996 und 2002 die berühmte Parada Wolności, die sich als DJ-Mix-Festival an der Love-Parade in Berlin orientierte. Die Techno-Fans tanzten zur Musik aus Lautsprechern, die auf Lastwagen angebracht waren.

Ein interessanter Musikstil ist der Eurodance, in Polen Powerdance genannt. Er ist gekennzeichnet durch einen schnellen Rhythmus und enthält Elemente der Technomusik. Die bekanntesten polnischen Interpreten sind Stachursky, United, D-bomb und

Zero. Bands wie Agressiva 69 spielten eine Mischung aus Rock mit Electro und nahmen Elemente der Ästhetik Kraftwerks auf. Ihr unverwechselbarer futuristischer Stil inspirierte auch die New-Wave- und die Synthie-Pop-Szene in Polen.

Auch polnische Hip-Hop-Stars wie Kaliber 44 nutzten elektronische Beats für ihre Musik, was indirekt auch auf den Einfluss Kraftwerks zurückzuführen ist. Ein bekannter Vertreter des Electro-Funk war der Produzent Maciej Sierakowski aus Gnesen (Gniezno) mit seinem Studio Camey. Anfang der 1990er Jahre komponierte er Musik für Breakdance und Electric Boogie.

Der Musiker Artur Lasoń schrieb seit 1993 in der Zeitschrift ENTER über elektronische Musik. Bekannte Vertreter der elektronischen Musik in den 1990er Jahren in Polen sind: Bookovsky, Cargo, Daniel Bloom, Dariusz Kaliński, Deliver, Ireneusz Dreger, Kerygma, Michel Delvig, EQ, Piotr Grinholc, Robert Kanaan, Sample Edit, Thomas Gruberski, Tomasz Kubiak, Tomasz Ostrowski und Andrzej Lewandowski.

Der Autor des Beitrags mit seiner Enzyklopädie der elektronischen Musik in Polen und der Welt

Auch die Musiksender MTV und VIVA trugen zur Popularisierung der elektronischen Musik in Polen bei. Vor allem die Sendung *Viva Club Rotation* hatte einen großen Einfluss auf DJs und Musikproduzenten. Die Anhänger elektronischer Musik gründeten Fanklubs wie »Tangram« (Sławomir Więckowski und Jacek Dąbkowski) und »Sigma« (Jarosław Degórski, Pseudonym Yarek).

Bekannte polnische Labels für elektronische Musik in den 90er Jahren waren Digiton und X-Serwis. Später wurde das Label Generator gegründet, das seit 1994 immer wieder Alben mit elektronischer Musik veröffentlichte.

Die elektronische Musik in Polen entwickelt sich stetig weiter. Doch das Werk polnischer und ausländischer Schöpferinnen und Schöpfer elektronischer Musik wird für immer Teil der wunderbaren Geschichte der elektronischen Musik sein.

Aus dem Polnischen von Christian Prüfer

PIOTR MULAWKA ist passionierter DJ und Experte, wenn es um elektronische Musik geht, insbesondere der 1980er und 1990er Jahre. Er hat zwei Bücher zu dem Thema herausgegeben: *Kraftwerk i muzyczna rewolucja. Mała encyklopedia muzyki electro i electro-funk* [Kraftwerk und die musikalische Revolution. Eine kleine Enzyklopädie der Electro- und Electro-Funk-Musik] und *Leksykon polskiej i* światowej *muzyki elektronicznej* [Lexikon der polnischen und internationalen elektronischen Musik].

Anhang

ÜBERSETZER:INNEN

ULRICH HEISSE ist Übersetzer und Sozialpädagoge. Er lebt und arbeitet in Berlin.

MARKUS KRZOSKA ist Historiker und Übersetzer, Privatdozent an der Justus-Liebig-Universität Gießen. Er ist Vorsitzender der Kommission für die Geschichte der Deutschen in Polen e. V.

GERO LIETZ studierte Skandinavistik und Deutsch als Fremdsprache an der Universität Greifswald. Er ist Mitarbeiter des Zentrums für Interdisziplinäre Polenstudien der Europa-Universität Viadrina. Außerdem ist er freiberuflich als Übersetzer, Dozent und Lektor tätig.

CHRISTIAN PRÜFER studierte an der Universität Leipzig Westslawistik und Anglistik. Er übersetzt geisteswissenschaftliche Fachliteratur aus dem Polnischen und Englischen.

PAULINA SCHULZ-GRUNER studierte Prosa, Film, Dramatik und als Hauptfach Literarisches Übersetzen am Deutschen Literaturinstitut in Leipzig. Sie arbeitet als Autorin, Übersetzerin und Dozentin. 2014 erhielt sie das Albrecht-Lempp-Stipendium.

DAVID SWIERZY absolviert zurzeit sein Masterstudium im Bereich Internationale Beziehungen an der Katholischen Universität Eichstätt-Ingolstadt. Zuvor hat er Kulturwissenschaft in Passau und Osteuropastudien in Regensburg und Krakau studiert. 2021 war er Praktikant am Deutschen Polen-Institut.

BENJAMIN VOELKEL studierte in Berlin und Moskau Polonistik, Russistik sowie Ost- und südosteuropäische Geschichte. Er ist freiberuflicher Lektor und Übersetzer und lebt in der Nähe von Berlin.

BILDNACHWEIS

Umschlag: Lex Drewinski

Lex Drewinski	6
Gaz-System	44 (alle)
Gryfnie	123, 124, 125
Krytyka Polityczna	82
Michalina Kuczyńska / Greenpeace	28
Andrzej Kaluza	102
Grzegorz Lityński	5, 8, 15, 18, 26, 34, 40, 41, 56, 70, 75, 76, 79 (alle), 108, 112, 114, 117, 119, 140, 143, 148, 150, 156
Piotzr Mulawka	153, 154, 159
Henryk Poddębski / NAC	16
Pracownia Brokat	127–139
Rowohlt Verlag	120
Polskie Elektrownie Jądrowe	38, 46, 52
Zbyszko Siemaszko / NAC	92
Wydawnictwo Czarne	120

Anzeigen

Jahrbuch Polen

Herausgegeben vom Deutschen Polen-Institut Darmstadt

Erscheinungsweise/Frequency

Jährlich/Annually
Je/each ca. 200 Seiten/pages, br/pb
Format 170x240 mm

Versandkosten/Postage

Inland/domestic:	€ 3,– (D)
Ausland/foreign (EU):	€ 15,– (D)
Ausland/foreign (non EU):	€ 22,– (D)

ISSN 1863-0278
eISSN 2749-9197

Schwerpunktthemen:

Band 17 (2006) · Frauen	*€ 19,80 (D)*
Band 18 (2007) · Stadt	*€ 11,80 (D)*
Band 19 (2008) · Jugend	*€ 11,80 (D)*
Band 20 (2009) · Religion	*€ 11,80 (D)*
Band 21 (2010) · Migration	*€ 11,80 (D)*
Band 22 (2011) · Kultur	*€ 11,80 (D)*
Band 23 (2012) · Regionen	*€ 11,80 (D)*
Band 24 (2013) · Arbeitswelt	*€ 11,80 (D)*
Band 25 (2014) · Männer	*€ 11,90 (D)*
Band 26 (2015) · Umwelt	*€ 11,90 (D)*
Band 27 (2016) · Minderheiten	*€ 19,80 (D)*
Band 28 (2017) · Politik	*€ 15,– (D)*
Band 29 (2018) · Mythen	*€ 19,90 (D)*
Band 30 (2019) · Nachbarn	*€ 15,– (D)*
Band 31 (2020) · Polnische Wirtschaft	*€ 15,– (D)*
Band 32 (2021) · Oberschlesien	*€ 15,– (D)*
Band 33 (2022) · Widersprüche	*€ 19,90 (D)*
Band 34 (2023) · Osten	*€ 19,90 (D)*
Band 35 (2024) · Modern(e)	*€ 19,90 (D)*

Fortsetzungspreise 18–27: je/each	*€ 9,– (D)*
Fortsetzungspreise 28–32: je/each	*€ 13,50 (D)*
Fortsetzungspreise 33–35: je/each	*€ 18,– (D)*

Bände/Volumes 27–35 (2016–2024) auch als E-Book erhältlich

Seit 2006 erscheint das Jahrbuch des Deutschen Polen-Instituts (früher unter dem Titel „Ansichten") mit veränderter inhaltlicher Konzeption und einem neuen Layout als Jahrbuch Polen. Ein jährlich wechselnder Themenschwerpunkt wird durch Essays und literarische Beiträge polnischer Schriftsteller – vor allem Leseproben aus noch nicht ins Deutsche übersetzten Werken – vorgestellt. Neue politische und gesellschaftliche Entwicklungen in Polen werden im Kapitel Tendenzen analysiert. Eine Chronik der politischen und kulturellen Ereignisse sowie der deutsch-polnischen Beziehungen rundet das Profil der Publikation ab. Die in Ansichten veröffentlichten Bibliografien werden online fortgeführt.

Jahrbuch Polen 35 (2024) Modern(e)

Aus dem Inhalt (insgesamt 15 Beiträge):

Michał Szułdrzyński
Uneindeutigkeit der Moderne

Klaudia Hanisch
Die polnischen Symmetristen als Wegbereiter der polnischen Erneuerung? Über die schmerzhafte Erfahrung des Dazwischen

Stefan Garsztecki
Modernisierung nach 1989 und regionale Entwicklungspläne in Polen

Tomasz Kizwalter
Polnische Modernität: Eine Genealogie

Joanna Kiliszek
Nur die Kunst wird dich nicht betrügen. In Art We Trust

Bartosz Bielenia & Magdalena Dubowska
Ich bin ein Z-Boomer. Irgendwas dazwischen

Olga Drenda
Cyberpolska On Real

Michał Radomił Wiśniewski
Generation Neo. Internet in Polen

ISBN 978-3-927941-54-0

250 EDITION

WWW.WIRKUSPRIES.COM

EIN KÜNSTLERISCHES FORSCHUNGSPROJEKT ÜBER
HELENA SYRKUS UND DIE EUROPÄISCHE MODERNE

WE ARE MILLENIUM STARS

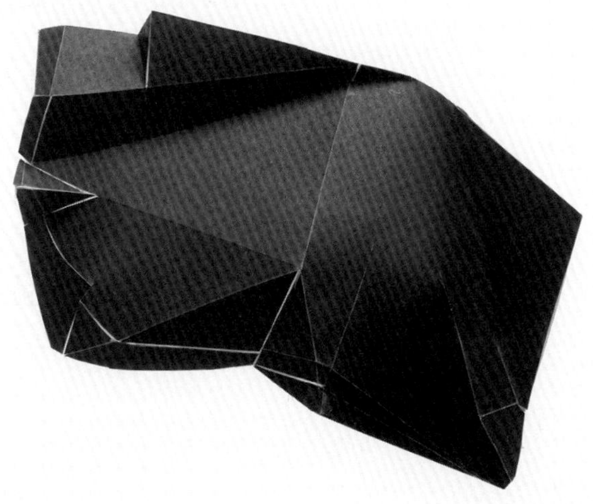

WIRKUSPRIES

BROKAT
Schmuck, der mit Liebe zu
Schlesien geschaffen wurde.
www. pracowniabrokat.pl